# 亲密关系心理学

*Psychology of Intimate Relationships*

〔西〕曼纽尔·埃尔南德斯·帕切科　著
唐孝飞　译

古吴轩出版社

## 图书在版编目（CIP）数据

亲密关系心理学 / （西）曼纽尔·埃尔南德斯·帕切科著；唐孝飞译. -- 苏州：古吴轩出版社，2020.10
ISBN 978-7-5546-1610-9

Ⅰ. ①亲… Ⅱ. ①曼… ②唐… Ⅲ. ①恋爱心理学
Ⅳ. ①C913.1

中国版本图书馆CIP数据核字（2020）第185097号

¿Por qué la gente a la que quiero me hace daño?
Neurobiología, apego y emociones
© Manuel Hernández Pacheco, 2019
© EDITORIAL DESCLÉE DE BROUWER, S.A., 2019
Henao, 6 – 48009 BILBAO
www.edesclee.com
info@edesclee.com

The simplified Chinese translation rights arranged through Rightol Media
（本书中文简体版权经由锐拓传媒取得Email:copyright@rightol.com）

**责任编辑：** 蒋丽华
**见习编辑：** 闫毓燕
**策　　划：** 杨莹莹
**装帧设计：** 焱　玖

**书　　名：** 亲密关系心理学
**著　　者：** [西]曼纽尔·埃尔南德斯·帕切科
**译　　者：** 唐孝飞
**出版发行：** 古吴轩出版社
地址：苏州市八达街118号苏州新闻大厦30F　　邮编：215123
电话：0512-65233679　　传真：0512-65220750
**出版人：** 尹剑峰
**印　　刷：** 唐山市铭诚印刷有限公司
**开　　本：** 880×1230　　1/32
**印　　张：** 7.5
**版　　次：** 2020年10月第1版　第1次印刷
**书　　号：** ISBN 978-7-5546-1610-9
**著作合同登记号：** 图字10-2020-328号
**定　　价：** 42.00元

如有印装质量问题，请与印刷厂联系。022-69236860

# | 序言 |

亲爱的读者，这篇序言让我们走到了一起。这是心理学家曼纽尔·埃尔南德斯·帕切科继《依恋和精神病理学》一书成功后，又创作的一本有关心理学的书。

我们在此要感谢他孜孜不倦地传播知识。这本书不仅适用于专业人士，也适用于任何对心理学和神经生物学感兴趣的人。

如果你打开了这本书，被封面上的标题所吸引，并在文字中发现了你自己，那这正是作者想要看到的！更确切地说，这本书是有意义的，能参与撰写这篇序言令我感到非常荣幸，感谢曼纽尔选择我来完成这项令人兴奋的任务。我希望阅读本书会带给你更多勇气去经营生活。

我将从曼纽尔和我的关系开始阐述。我认为，在一本讲述神经生物学、情感和依恋的书中谈论关系，是一种必然的方式。然后，我将告诉你把这本书带回家阅读的三个理由。

感谢如今伟大神奇的社交网络，让我在 2016 年认识了曼纽尔。当时他已经从事心理学工作多年，在创伤和依恋方面做过大量的培训，积累了丰富的经验。社交网络就像生活中所有的东西一样，它的好坏取决于我们如何利用它。

现在的社交网络异常发达，可以称之为人类科技史上的一场革命，它改变了人与人相处的模式。比如，你和其他人通过网络初次接触时觉得愉快，就可能有面对面接触的机会。除此之外，网络还帮助专业人士对一些人实现了追踪研究，从初步认识再到深入地了解。这也就是曼纽尔和我认识的方式和过程。

对于我和许多在网上关注曼纽尔的动态和出版物的人来说，他的第一本书和他在网上的文章都吸引了我们的注意。他提出的"理解人类及其情感的问题和障碍"议题广受关注，这议题是精神病学家丹尼尔·J. 西格尔提出的轴的平衡理念的综合，即思想—大脑—身体的关系。

除了培训和职业，作为一名具有丰富的临床经验的专业人士，我认为曼纽尔有三种品质值得关注：知道如何写作（吸引公众和读者），知道如何传达（使读者产生共鸣），知道如何传播（让公众理解复杂的知识，比如神经生物学）。

曼纽尔对各类书都有大量的涉猎（不仅是心理学和生物学方面的，还有许多其他学科的），在他的DNA里携带着对知识和学习的渴望。

他家经营着一家书店，十几岁时的他便被书包围着，时常感到非常奇怪和不安。正如法国著名精神科医生鲍里斯·西鲁尔尼克所说，从痛苦中可以带来美好的东西。正是曼纽尔和其他孩子的不同感受，成了他成年后学习研究的重要资源！

因此，现在机会来了，这正是对伟大天才最大的见证，他成功出版了第一本书——《依恋和精神病理学》。

2017年，在巴塞罗那召开的关于"创伤"的研讨会上，我和曼纽尔认识了，我们惊奇地发现彼此有很多的相似之处，非常之多！我们在一个大厅里待了很久，兴奋地进行讨论和分享。

在此次对话中，我被曼纽尔的博学所吸引，并对他的临床实践方式非常感兴趣，这些都可以在他的著作《依恋和精神病理学》和他的培训课中了解和学习到。

从这次见面开始，我们交换了联系方式，交流了各自的愿景和经历。后来，他邀请我去毕尔巴鄂参加他第一本书的出版，就是前面提到的《依恋和精神病理学》。这是一次愉快的会面，我们和读者进行了一下午的深入交流，然后在"小博丘"（比斯开被亲切地称为"小博丘"，是给曼纽尔出版该书的布劳维尔出版社的总部）度过了一个温馨的夜晚。

那现在正是将作者的生活、创造性信息、正能量和愿望同我们聚集在一起的时候了，这就是他出版这本新书的背景。

那么现在想象一下，我就在你们身边，你们问我为什么坚信你们应该把这本书带回家。好的，以下是我的三个论点：

第一，你会惊讶于他的建议。比如说在大会现场，他提供了一份意向声明，允许他的一个遭受了虐待的、敏感又痛苦的病人来到现场，由病人向我们展示自身的心理问题以及曼纽尔如何以专业的方式帮助了她。

作者向我们表明，他不仅是在治疗创伤，还是在治疗人。那些遭受过遗弃、虐待和凌辱的人，非常需要遇到像曼纽尔这样的心理学家和心理治疗师。他用同理心，为患者提供了一种安全感的体验，这要归功于强大而可靠的治疗关系来修复这些伤口。

作者同意创伤专家最新的建议，也就是除了掌握技术（曼纽尔无疑拥有这些技术）之外，专业人员和病人的关系，以及专业人员对待病人的态度必将成为所有治疗干预的支柱。当匿名病人写文章公开感谢曼纽尔的这个关系结构时，她把所有经历都告诉了公众，毫无疑问，是这种关系结构治愈了她，这甚至超过了她过去使用的所有方法。

书里不存在神奇的配方。心理学和相关科学致力于研究和探讨人类的行为、情感、发展、复原力和失调等，它们是复杂的，不能简化成一种建议，这也不是他的工作。

《亲密关系心理学》是一本心理书，用简单明了的方式进行解释，同时又不失科学的观点。**这本书可以让大家都以娱乐的方式进行学习，了解人类思想赖以存在的基础——情感和两个关键的发展阶段。**

第一个发展阶段是童年，正如作者所说，童年是我们经常提到的那个花园；第二个发展阶段是青少年时期。在这两个关键阶段里，如果能够通过一种关爱和团结的环境，发展高质量的依恋关系，便可以在良好的基础上进一步发展成年后的依恋关系。这为我们认识并了解童年和青少年时期的依恋关系，有意识地抚养和教育孩子，或是修复创伤关系创造了巨大的机会。

在本书中，曼纽尔解释了我们都关心的心理问题，这些问题属于精神卫生领域。书中描述了多种常见疾病的起因和治疗方式，包括焦虑症、恐惧症、抑郁症、紊乱症、强迫症的发作，依恋关系失调、饮食紊乱、精神分裂、失去控制等。这些疾病给我们带来了巨大的痛苦。

为了解释产生这些痛苦的原因，曼纽尔进行了神经生物和相关方面的综合解释（在与紊乱有关的病因中，与父母或第一抚养者的依附关系差最为突出，如果这种依附关系不安全，随后又得不到修复，就可能成为成年生活中的一个主要脆弱因素）。他的治疗建立在他是一位专家，且有科学技术的支持上。

正如我们以前说过的那样，我们不应忘记他拥有临床治疗的基石——与病人建立安全、可靠和富有经验的治疗关系。这一点也在他的临床治疗上得到了很好的印证。

本书中记录的曼纽尔和病人互动的部分对话，也证明了这种说法。在我看来，这些对话在每一章都非常有意义，是此类书所必须具备的体验部分。

第三，本书结合了一种人类的愿景，这种愿景既不属于心理学，也不属于生物学。对人格的依恋就像对建筑的依恋一样，它们在情感和行为中如何表达，取决于环境如何影响它们。他赋予依恋一个中心角色，就像在基因和环境之间的舞者一样。进一步讲，这也是一本教育书，里面有各种各样的图画，对神经生物学进行了简单解释，进而激发我们的好奇心，帮助我们更多地了解这个迷人的世界。

哦，我忘了！我要提到本书中的插画，它们是曼纽尔的一个病人画的。它们属于情感和形象的层面，是大脑右半球控制的。这些图画使我们直面受害者所遭受的痛苦。这些图画反映和证实了曼纽尔告诉我们的内容，并有助于病人建立复原力。如果病人不画画，那么所有的痛苦都会藏在心里面。曼纽尔为了帮助病人缓解心理压力，提供了一种艺术治疗方法，帮助病人把痛苦带出去，减轻他们的痛苦。

我们需要认识到，良好的关系极为重要，在塑造人的发展，帮助实现平衡的个性和最佳的心理、生理、社会健康状况方面发挥着关键作用。我们尚未实现这一愿景，但这一愿景已经扩展到所有家庭、社会，以及教育、卫生、司法和政治领域。因此，这样一部面向所有公众的作品是会受到欢迎的。

我要对曼纽尔出版这本有用而伟大的书表示祝贺。希望对本书的阅读能给你们带来一束美丽的光，愿它与你们同行，指引你们的脚步。

西班牙 圣塞巴斯蒂安

何塞·路易斯·冈萨雷斯·马罗丹

临床心理学家

## |自序|

我的作品《依恋和精神病理学》提供了一种必要的方法，能够把我在理论层面上非常感兴趣的两个学科联系起来，即生物学和心理学。或者就像我喜欢说的，是心灵和大脑之间的关系。当我开始研究心理学时，需要整合许多读过的资料，于是便写了那本我需要的书。

我试图强调一个人在生命的早期与抚养者的关系是如何不可磨灭地影响了我们的情感，进而影响了我们的思想和行为。

《依恋和精神病理学》主要是为那些想要深入了解心理疾病的起源，以及治疗这些疾病的心理学家们准备的。但让我惊喜的是，它也引起了非专业人士的兴趣，大家想要更多地了解心理学，了解他们在童年时与抚养者的关系是如何影响他们的，进而影响他们现在的生活与他人的关系，甚至是与自己的关系。

一段时间后，我开始意识到有必要展示我学到的新东西，最重要的是，用一种更简单但同样严格的方式来解释它们。为此，我在网络上发表了帖子，因为社交网络可以让人更直接、更快速地捕获信息。

维托里奥·吉达诺说过，童年标志着我们一生的基调，就像贝多芬的《第六交响曲》要在 F 大调下演奏，才能使整个作品和谐（否则乐器就会走调），情感使我们的经历有一种连续性的感觉。

有些人会被悲伤所困，有些人会被乐观、愤怒或恐惧所困，这些原始情绪赋予了我们在生命早期与抚养者的情感关系，并决定了我们一生的发展。在本书中，我将讲解依恋和神经生物学如何影响我们的生活，以及我们爱的人的生活。

当我写这本书时，阿穆德纳的画一直在我的脑海里。她在一幅画上表达的内容，比我成千上万的文字还要多。我不敢想象如果没有这些画，这本书会是怎样的，一点一点地，它把我带入了治疗，我把它作为我最大的财富。这些画代表了我的许多病人的感受，我知道它们令人震惊，甚至是残酷的，但它们恰恰反映了许多人内心的痛苦。

我把这本书分成两篇。在第一篇中，我写的是我们的大脑，以及在生命早期、童年和青少年时期，我们和外界关系的重要性。这些是构成人格的支柱，如果我们不理解在这些阶段发生了什么，我们就无法理解许多精神疾病的产生原因。

在第二篇中，我阐述了我在咨询中最常遇到的心理病理类型，比如恐惧症、强迫症、饮食失调、虐待、抑郁症，还有一个我非常感兴趣的话题——精神分裂。

我知道书中写的很多东西可能会让人惊讶，我试着用我在课程中向病人或学生解释事情的方式来写作。但是，这种从口头到书面的转变会导致出现不同以往的阅读体验。为了让文章具有新鲜感，甚至有时要冒着不能向读者很好地解释的风险。

我希望这本书能帮助我们理解所爱之人（和所恨之人），最重要的是理解自己。反思和改变，让我们变得更好，也让我们周围的人变得更好。

最后，我要感谢所有参与这本书的人。感谢我的妻子伊斯特，是她反复梳理，帮我纠正错误；感谢阿德·纳瓦里德斯，是他让我把书的目标对准我想要接触的读者；感谢何塞·路易斯·冈萨雷斯，是他为这本书作序；还有奥尔加·卡斯塔尼，是他多次检查，让这本书读起来更连贯；当然我还要感谢杰玛·加西亚，是她帮助我完善了饮食失调这一章。

我还要感谢阿穆德纳的画和 M 的信。他们用自己的情感，帮助读者更好地理解我的分析方式和描述的东西。

最后，特别感谢布劳维尔出版社的曼纽尔·格雷罗编辑，在本书编辑出版的过程中给予了我足够的信心和耐心！

# 目录

## ❤ 第一篇　人类的发明 ❤

## 第二篇 人类的标志

第一篇

# 人类的发明

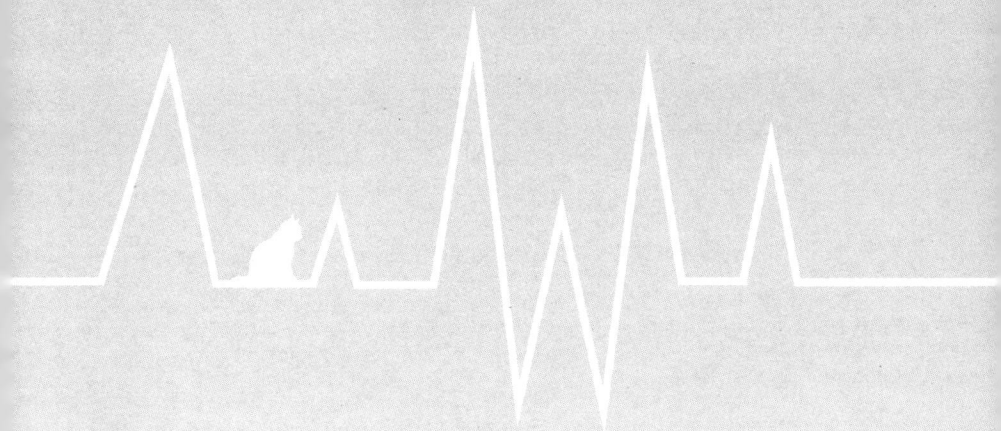

**第一章**

M 的自述

当我酝酿着要写这本书时，就想到要请 M 来说一说她的治疗过程，且以她的自述作为开篇。因此，有一次为 M 进行治疗时，就对她说起了这一事。M 应允了，于是便有了这篇《M 的自述》……

在最近一次心理咨询中，曼纽尔请求我为他的第二本书写点什么，以作为开篇第一章。对此我感到莫名兴奋和紧张。我希望讲述我所经历的治疗过程、治疗关系是怎样的，我的感受如何，遇到的统一意见和分歧有哪些。但其中最重要的是，告诉你们这些对我来说意味着什么。

整个治疗过程就如同让镜子里的自己做了一次旅行。一开始那个自己是不存在的，之后却变得可怕起来。据说，幼儿最先通过母亲的眼睛看到自己，然后才看到周围其他人。

这几个月我曾注视母亲的眼睛，从中弄清了我与母亲的关系、与父亲的关系，同时意识到父母也是祖父母眼中的样子。如果父母与儿女的关系未建立好，或者依恋关系不安全，那么在很多情况下，冲突、不适将一直存在，儿女也无法以健康的方式与他人建立联系。

为此我认为，我们爱着的人伤害了我们。治疗关系一直是我克服心理障碍的关键，而镜子让我看到最好的自己。

7个月前我找到曼纽尔。那时的我心烦意乱，内心的困扰使我无法平静地生活、照顾孩子、专心工作。

在第一次心理咨询中，他设法让我从精神上面对一面镜子，并让我告诉他我从镜子里看到了什么。令我惊讶的是，镜子里什么也没有，它无法映射我。慢慢地，我才明白到底是怎么回事。

在我的印象里，我的童年是不幸的。只有夏天在海边嬉戏，可以打消我的恐惧，而冬天则如噩梦一般。在我家所有人的观念里，只有保持干净整洁的家才是最重要的。父母在各个层面对我的要求都异常严格，我几乎没有自由玩耍的时间。我深深的创伤就来自这个时候。

第一次是在我4~5岁的时候，我遭到了班上两个女孩的欺负。这让我变得害羞又胆小。

第二次是8岁时，学校的心理老师对我进行了侵犯。我此前没有告诉过任何人，包括我的父母，因为对这件事的恐惧已经远远超过了说出来所能得到的安慰。

渐渐地，我开始注重弥补自尊心的缺乏和自我价值感的不足。我开始向外看，以寻求外部的认可，慢慢地我在学术、专业和社会成就上取得了突出的成绩，这一切都使我熠熠发光。然而，心中那个丑陋、胆怯、愤怒的女孩仍在那里，并不知不觉地投射到我的女儿身上，影响到我和女儿的关系。

我看到了我的过去在很大程度上影响了我的现在，以及这种负面的自我形象如何让我远离我最喜欢的人。由于治疗和我的努力，我已经克服了很多，尽管我现在仍在学习接受和爱自己的过程中。

曼纽尔对我的治疗是从和我的关系开始的，是基于治疗的实用性和曼纽尔给我的信任感、安全感开始的。当然，我也付出了我的努力和诚实，我认为这将是对我所写内容的一个很好的总结。

第一天，他鼓励我给他写信，并在必要的时候过去找他。我当时对他没有足够的信任，我一次又一次地担心他会厌倦我、抛弃我。但事实证明他一直都在，即使是在我无意中测试他的时候。

从一开始，我们就相处得很好，在他的带动下我们谈笑风生。我对他所表现出来的亲切和自然感到惊讶。在他这里我感到了安全、被接受和不受评判。对他来说，我不是小时候的隐形女孩，这感觉让我迅速地爱上了他，想要赢得他，成为他最好的病人。

我在邮件中和他说了很多美好的话，这是我第一次可以毫无畏惧地展示自己。虽然这是总的发展趋势，但是就像任何疾病治疗一样，并发症是同时存在的。

几个月后，我们的治疗关系进入了一个关键时刻，我们起了冲突，我对曼纽尔失去了信心，但同时我也感到很紧张，我感到愤怒、害怕、不安全、失望、被抛弃、荒谬、绝望……我咨询了另一位治疗师，试图让自己清醒过来，那段时间尽管悲伤和失望，但我迫切需要继续与他联系。所有这些都让我意识到治疗关系是多么复杂。

你的童年在你受到创伤时就一去不复返了，然后你就把你的情绪和你的心理医生联系起来了。我们遇到感情挫折时，常会认为自己被抛弃。此时那个隐藏在内心的女孩会为你说话，为你行动。这个时候你会不认识你自己，你不完全是那个隐形女孩，但你实际上在按照她的想法做事。

在治疗的各个阶段，我都感到非常痛苦，尤其是在处理受侵犯的记忆的时候，我的罪恶感一直伴随着我。我当时甚至希望曼纽尔虐待我，以作为一种我应得的惩罚，这样我就可以为此付出代价，虽然这听起来很难理解……但就在那时，我开始在邮件里攻击他。尽管如此，曼纽尔还是控制住了我的愤怒，给了我爱。然后我感到困惑、感动和愤怒，最终还是爱战胜了我，我向他投降。正是通过这种爱，我知道了他一直在那里。通过这些经历，我知道了我值得被爱。于是，我写信给曼纽尔，向他吐露了我内心的那个隐形女孩：

曼纽尔，那个女孩巨胖无比，她是畸形的，满身的脂肪让我觉得无比恶心，我厌恶她，这个巨大的肥胖的身体！她的皮肤又脏又丑，即使她愿意也无法触碰，啊啊啊，她应该马上洗澡！！我厌倦了把这些说出来！！快把她洗干净！虽然我没有看她的脸，但我知道她是悲伤的、毫无表情的。我不能接近她，这让我感到很糟糕，但她真的让我有种无法控制的恶心感……

但是他让我更恶心，更恶心！他非常非常高，又高又瘦，我不想让他碰我，我不想，我不想，他的手指那么恶心！恶心！恶心！恶心！恶心！恶心！恶心！恶心！恶心！恶心！恶心！恶心！恶心！恶心！

啊！曼纽尔，我做得好吗？这是你想要的吗？你觉得怎么样？这些够了吗？我是最好的吗？我是最好的吗？我还需要做什么吗？快来把我撕成碎片！！！我不明白，你为什么不把我撕成碎片？？？为什么你不再来伤害我一次？这样就可以让我冷静下来！你算什么好的心理治疗师！你什么都不是！如果你来伤害我，我现在立马就可以休息了，你知道吗？我该怎么办，啊？？？告诉我！！！我该怎么办？？？

曼纽尔，如果你来虐待我，我就会立马好起来，真的，就是这样的！虽然听起来很奇怪，但我知道它会让我平静下来。它会平息我的焦虑、我的不安，最终我会平静下来的。

我不希望你帮我的忙，照顾我，也不希望你为我考虑。这些都不是我想要的，不是我想要的，不是我想要的，不是，不是，不是，不是！啊啊啊！！没有人能理解发生在我身上的事情，它一会儿出现在我的脑海里，一会儿又飘在我眼前，它太真实了！

在这 7 个月里，我付出了巨大的努力，我成功地接近了我所憎恨的负面形象，接受了那些创伤性的经历，并在情感上更接近了内心的小女孩。我和曼纽尔一起去了学校的操场，这改变了一切。我内心的小女孩从背对着我到转身牵起了我的手。现在我可以更有同情心地、温柔地看着自己，于是我在后来的另一封信中对她写道：

把头靠在我的肩膀上休息吧！我知道你很伤心。你现在舒服吗？冷吗？我不介意你是否会坚持下去，如果你喜欢这样，那当然可以。待一会儿吧，你不需要说话，我也不说话。你不需要抬起你的脸对着我，没关系的。我知道你的眼睛很漂亮，它们在冬天是棕色的，但在夏天你潜入大海后，它们就会变成绿色。你很漂亮，只是那件灰色和棕色的校服很糟糕，看着没有一点朝气。

当你放暑假的时候，你可以光着脚去游泳，把你的脚埋在温暖的沙子里，你会发现一切都很好。你是轻松自在的。你将仰起美丽的脸，让你的长发在风中飞舞；你会喜欢在沙滩上打滚，像炸玉米饼一样在沙丘上滚动；你还会爬上遮阳篷，大声喊你的朋友埃万。你们会在沙滩上寻找线索和宝藏，玩五人游戏和真心话大冒险。我知道你喜欢和丹妮一起玩倒立、排练舞蹈。

你爸爸问你今天洗了多少次澡。你告诉他，你一直在水里都没出来过，就是为了用潮湿的沙子和肉丸子做一个油炸饼。和我待一段时间吧！我还没有抓住你呢，我太累了，而你有点太胖了。多年来我一直背负着沉重的负担，导致我非常虚弱。但我向你保证，等我康复了，我们就回到海滩上，只有我们两个人，我们一起玩遍所有的游戏。

我想我会哭，但你不要害怕。最重要的是我们再也不会回到学校了。这一切都结束了。就在今天，一切都结束了。如果还有什么的话，曼纽尔会帮助我的。尽管父亲不在那儿，但是曼纽尔在，这是非常重要的，他知道我还有很多事情不知道该怎么做，所以他会帮助我们。

治疗让我有了最有创意的部分，它揭示了我的敏感性，让我不再害怕展示自己，变得更自然。我知道我最强硬的一面，也知道我最有趣的一面。从这个意义上说，我又爱上了我自己，就像别人爱你时你会更爱自己一样，当其他人爱你，他们称赞你漂亮，你会更加积极地生活。现在镜子里的那束光开始照耀我，虽然我还有很长的路要走。

由于治疗，我与家人的联系更加紧密。我又可以享受和女儿一起的快乐时光，我会拥抱她，抚摸她的头发，在她睡前深吻她。当她和我诉说遇到的任何问题时，我能更好地安抚她的不安，同时我自己也不会因为恐惧而瘫软。我重新珍惜我的丈夫，接受了他的爱。我知道他爱我，我不必为了得到这种爱而做任何事情，他爱我不是因为我的成就，也不是因为我漂亮，而是因为我就是我自己。

# 第二章

神经生物学：
依恋、情感与自然的结合

人类内在系统发生的一切都与生物学有关。这使得我们内心发生的绝大多数过程都是无意识的。我们的大脑也不例外。

从精神层面来讲，我们的行为有 80% 是动物属性的，只有 20% 是人类独有的。我的意思是，我们的大部分行为是由我们的原始情绪决定的，只有少部分是由我们的文化决定的。这并不意味着我们的许多情绪是先天的、无法改变的，但它们是非自愿的、无意识的和突然的，它们会不经通知而到达（那感觉就像是一直有一个连体姐妹伴随着我们）。

"情感"（emotion）这个词来自拉丁语"motere"，意思是"行动"，也就是说，情感帮助我们赋予事物色彩，服务于感觉、决定和行动。

情感有两个基本特征：

● 情感的质量使我们能够判断某件事是好是坏。它给了我们道义上的评价或者只是感觉到什么是好什么是坏。没有情感的机器（比如电脑）无法判断一张照片的美丑。

● 情感的浓度有助于我们知道我们喜欢（或不喜欢）的程度，它让我们感觉（认识）到危险的或者愉快的量是多少，这决定了我们想要（或多或少）远离或接近的方式。例如：我有一个很久不见的好朋友，有一天在街上我突然看到他，我会欢呼着飞奔过去和他打招呼；但如果遇到的是我的债主，我肯定会尽一切努力避免被他看到。

尽管这是一个主观评估，但我们可以感觉到情绪是正面的还是负面的。情感的质量和浓度一起波动，都履行其职能，并且是必需的。它们是一种零和关系，当质量升高，浓度就会降低，反之亦然。如果一种情绪非常强烈，当另一种情绪出现时，它将以与前者相同的浓度出现。

之所以如此，是因为自然界希望我们保护自己，并记住伤害我们或使我们感到非常高兴的事情。事实也是如此。如果一只狐狸非常饿，并且发现了一块腐烂的肉，那么它越饿，就越厌恶这块肉。人类也是通过这种方式，避免吃到可能伤害身体的东西。

因此，如果我爱一个人越多，当他不在时，我就会越讨厌他或我会变得更悲伤，或者当我对他的羞辱越多（我越感到羞耻），我就会越讨厌他，或者与他在一起就越顺从。正如我已经解释的那样,情绪可以帮助我们了解某事是好是坏,尤其是它们的浓度,以便将来我会寻找它们或更坚决地拒绝它们。

我们都倾向于将情绪分好坏,但这只是欺骗自己的一种方式。显然,我们所有人都希望拥有幸福而不是悲伤,但是所有的情绪都是必要的,并且具有功能。有些情绪寻求接近(我们认为它们是积极的),而另一些寻求避免危险或防御(我们将它们视为消极的)。

当我们认为情绪有问题时,它们可能是以不同的方式出现的:

• 它们占主导地位并且是持续不断的,即使我们意识到它们对我们有害,我们也无法摆脱它们。例如,我一直很害怕,即便我知道其实我周围并没有真正的危险。

• 我们内心有两种(或更多)相互抗争的情绪。例如,我们同时爱和恨一个人。

• 我们什么都感觉不到,或者我们感觉过度了。这种情况发生在那些经历了艰难的童年,学会了不去感受或变得过于敏感的人身上。

尽管人类很复杂,但情绪的数量却很少。它们的起源是允许哺乳动物合作、群居,以便照顾后代,直到后代能够自食其力。简而言之,因为我们是群居动物,所以要能够与他人交流。

　　我要展开来讲的基本情绪是爱、快乐、悲伤、愤怒、羞耻和内疚。正如我们将看到的那样，在这些类型中有许多子类型，但是它们是其影响框架的一部分。下面就让我们谈谈它们。

　　对一些人来说，感觉是无法逾越的。他们是非常敏感的人，不知道也不能在情感上调节自己。他们感到被自己的情绪所束缚或攻击。

### 爱

　　关于爱，已经有无数人写了成千上万页（甚至数百万页）的内容，但我们在这里关心的是生物上的爱。

　　爱具有明确的功能，它可以帮助我们与其他人（在童年时代，是我们的父母或其他人，甚至是宠物）建立联系，并感到他们是我们的一部分。

所有的哺乳动物都能感受到某种爱，我们之所以能够进化成功，是因为能够与同物种中的其他动物合作和结合。许多昆虫会合作（例如，蚂蚁或蜜蜂），但彼此之间不会有情感，在相遇或失去时没有爱或悲伤。

爱是最典型的积极情感和喜悦。它在所有哺乳动物中都是先天的，它与催产素（当我们进行优质性行为时，我们的身体会分泌同样的激素）有关。这对于物种的延续至关重要。

爱可以分为四大类。

• 浪漫爱情：爱情可以帮助我们在情感上与某人联系，以便繁殖。我知道这听起来很猥琐，但我是一名生物学家，我知道大自然的目的是让我们在幼年时生存，并在成年时繁殖。（对不起，我把所有的浪漫主义都吞噬了。）

人类是一夫一妻制的物种，主要是因为孩子们需要很长时间才能自食其力，所以父母双方必须合作抚养他们。

• 养育：这是父母对孩子的爱。它使抚养者可以为了他们的后代牺牲自己。

• 友谊：是爱引导我们团结合作，关爱他人。这是哺乳动物进化的巨大成功。

- 与抚养者的联系：这是孩子对抚养者的生物学热爱。它是与生俱来的，是我们 DNA 中的一部分，它是使孩子能够在其生命早期与抚养者联系在一起以生存的东西。孩子和抚养者之间的依附关系比其他任何事物或情感都重要，正如我将在整本书中所解释的那样，无论好坏，它都会产生巨大的后果。

## 快乐

它与爱一起，是我们内心的另一种积极情绪。① 它与一种名为多巴胺的神经递质有关，它可以帮助我们表现出兴趣（这是一种使我们对某件事产生动机的情感）。当这种神经递质不存在时，就会出现悲伤和沮丧，即抑郁症。

快乐服务于我们，让我们期望将来可以再次感受它。如果使用得当，它是非常积极的；但如果使用不当，它会导致上瘾、强迫性购物等。

正如我之前解释的，强烈的情绪可能会导致相反的结果。这就是为什么那些从赌博或购物等外部因素中获得快乐的人，在过后会经历一种巨大的悲伤（焦虑），这种悲伤会让他们一次又一次地复发。

---

① 积极的情绪很少，消极的情绪很多，前者有助于人与人之间的联系，后者使我们能够保护自己。大自然更关心的是我们的生存，而不是我们的享受。

快乐从我们小时候玩游戏时就开始了，首先是和抚养者（亲密的家人），然后是和朋友。玩游戏是哺乳动物学习社会规则的一种方式，这些规则在成年后是非常有用和必要的。因此，如果在儿童时期没有社交游戏，孩子就会被孤立，进而感到悲伤和尴尬。

快乐是爱的第一个姐妹，大多数快乐的时光都是我们与他人一起度过的。尽管我们可以独自从智力、运动、手工等游戏中获得许多健康的满足感。但是，毫无疑问，生活中最大的快乐是在我们与我们所爱的人分享经验的时候。

> 瑞典研究人员对在某些运动项目上获得金牌的奥林匹克运动员进行了实验。他们拍摄了运动员得到奖杯时的视频，观察他们的表现，发现视频中的运动员向他们所爱的人露出了微笑。这些人可能是家庭成员，也可能是他们的教练或伴侣。

### 悲伤

悲伤是一种不舒服的情绪（可能导致抑郁），它会把我们所有的理解都变成疲劳和恐惧。

我们通过将自己置于弱势地位，激活他人的同理心机制，并允许他们帮助我们。所以说悲伤是通向可怕的、抑郁的大门。

悲伤有两个主要原因。

• 第一个原因是孤独。这种不愉快的情绪是所有哺乳动物面临的最大恐惧（尽管主动寻求的孤独可能是非常愉快的，但被迫的不是）。正如《创世纪》所说，独处是不好的……

当孤独出现时，人会感到被抛弃了。它产生的原因是，当人们生活在几千年前的部落群体时，这个群体中的其他成员会支持自己。今天的悖论是，我们的生活环境中有越来越多的人围绕着我们，但我们却感到越来越孤独。

孩子们需要有人照顾才能生存，如果他们无法在情感或者物质上得到满足，他们就会哭（抗议或愤怒），并最终将这种悲伤的情绪作为获取所需的手段。

一个人如果童年时频繁或强烈地有这种情绪，那成年后可能会变成慢性子。

• 第二个原因是挫败感。这是一种与未能实现所提出的目标有关的情绪。它有助于学习，但如果它太多，就会变成创伤。

挫折会让我们感到愤怒，当我们充满愤怒或压力时，或者是付出了巨大的努力而最终精疲力尽（和反常地快乐）时，悲伤可能会成为阻止我们重新获得力量的一种方式。这将是我们的大脑得以恢复并继续实现目标的方式。

但如果愤怒是永久性的，或过于强烈，这种悲伤的感觉可能也会变成永久性的，它压倒我们，让我们什么都做不成。

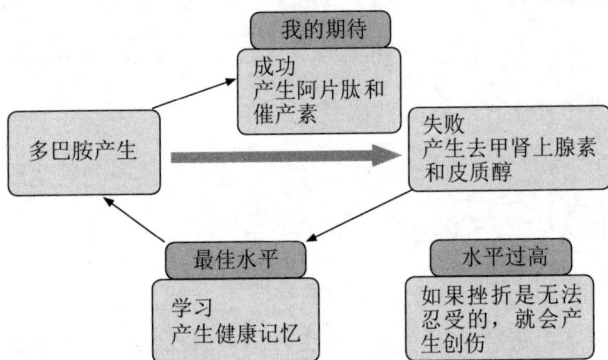

对目标的追求可以是成功的，也可以是失败的。在这种情况下，它可以变成一种有益的经验或有害的创伤。这取决于恐惧的强度以及我们事后如何评估它。

自尊是在生命的初期建立起来的，这就是为什么父母对孩子的情感调节至关重要，如果他们觉得自己从来没有做好过任何事情，一种有害的挫败感就会导致他们永远缺乏自尊并一直沉浸在悲伤中。[1]

① 对于儿童来说，不停地挫败他们和过度保护他们（或不断地教他们）是一样糟糕的。在第二种情况下，如果不犯错误，孩子就无法得到成长。

不要过度保护孩子，但也不要让他们觉得自己从来没做过任何正确的事情。这两种情况都会导致沮丧和缺乏自信。

## 愤怒

愤怒是一种用来设定界限，捍卫我们所需的情感。对孩子来说，它有两种功能。

- 让你感到非常难过，你永远不会忘记。孩子的哭声会让人瘫软，任何父母都有过这种感觉。

- 痛苦越大，愤怒就越大，因此可以帮助别人（和自己）更好地记住引起愤怒的原因。

童年时的愤怒越大，长大后的愤怒也就越大。有时这种愤怒，正如我将在书中解释的那样，可能是压抑的（或隐藏的），并指向自己。在其他时候，它可能会以一种不同的方式起作用，仅仅作为一种释放机制，作为一种通过伤害他人而使自己感觉更好的方式。

愤怒是一种调动大量能量的情绪，在大脑层面上与杏仁核有关，在中枢神经系统层面上与交感神经分支有关，交感神经分支激活战斗和防御模式。

愤怒主要有两种类型。

- 第一种是无助或沮丧的情绪和感觉。当我们珍惜自己的需求，但是没有得到满足或无法获得时，就会有这种感受。

这是一种非常有限的情绪，通常发生在腹部的太阳神经丛。引起愤怒的真正原因是人们想要保护自己的防御本能。[①]

- 第二种是想要战斗或攻击的情绪和感觉。它的作用是限制他人，或者仅仅是让我们感到压力和不适。它通常发生在手、脸和下巴上。事实上，磨牙症是一种无法充分释放愤怒的表现。

> 许多人试图通过做一些在短期内会使人平静下来，但在中期会带来可怕后果的活动，来避免愤怒。它是成瘾的典型特征，无论是酒精，还是赌博……这是一种愤怒或无助的感觉。

## 羞耻

羞耻是一种社会情感，它以一种真实或想象的方式把人们与他人联系在一起（我觉得他们是如何看待我的）。

人的这种情绪和其他哺乳动物的是一样的，分析这种情绪有助于了解群体中每一种动物的排名。

---

① 人类面临的危险可以是真实的，也可以是想象的。我可能害怕狗会咬我，但我的想法对任何人都不重要。

但是，在人类中，它要复杂得多。它有助于人们知道哪些行为是正确的，哪些行为是错误的，从而避免做可能导致被拒绝的事情。

在健康的层面上，羞耻是一种重要的情感，它有助于人们与他人相处。但当羞耻过度时，它就变成了"有毒的羞耻"。许多人实际上因此而在生活中受阻。

我们在生命的早期，在与抚养者的关系中，学会了羞耻。当我们还是孩子的时候，它们就像一面镜子，我们看着自己，如果我们看到的形象有缺陷（我们觉得自己不值得被爱），羞耻就会长期存在于我们的内心。

所以有两种羞耻：一种是健康的，建设性的，帮助我们了解社会规则，与他人相处；另一种是有害的，让我们害怕不被赞成，害怕被拒绝。

这种羞耻可以通过多种方式表现出来。

• 害怕做一些不恰当的事情，害怕引起别人的嘲笑或不尊重。例如：害怕在公共场合讲话，装腔作势，等等。

• 害怕我的身体会做一些无意识的事情，让我暴露在别人的笑声或拒绝中。例如：晕倒，肚子饿了，出很多汗，笑得很厉害，等等。

• 我害怕我的身体有一些缺陷，这让我和其他人不一样，

羞耻是最有限的情感。它通过阻止人们寻求帮助，进而阻止感
受恐惧。我们恐惧别人在我们身上发现些什么。

让他们觉得我有缺陷。例如：鼻子很丑，很胖，皮肤上有斑
点，腿很粗，等等。

下面分享两个不同的案例，有助于我们理解每个人面
对问题时的主观性。

我有两名患者都有白癜风，皮肤上有明显的白色斑点，
看起来很显眼。

案例一：

路易斯来咨询是因为他害怕极了，因为他的手上开始

出现一些白色的斑点（在我看来并不明显），并且他说这些斑点已经蔓延到他的脸上（我没看见）。

他每天不停地照镜子看自己的脸和手，看看斑点是不是更大了。他为了掩盖斑点，开始蓄胡子，并在说话时一直捂着手……

他害怕别人注意到他的斑点，尤其是他的孩子，因为这些斑点是遗传的，他无法想象如果他的孩子们遗传了这种病会是怎样的。

通过研究他的病史，我们发现他在青春期时得过丘疹，这些丘疹使他的脸变形了，因此他特别害怕因为自己的外表而引起别人的注意。

案例二：

艾万来会诊是因为焦虑。但令我惊讶的是，她浑身都是白癜风的斑点，很大，而且长在脸上、胳膊上、腿上。

经过一段时间的谈话，我问她这些斑点是否困扰着她，让她感到焦虑。

她回答："我不在乎，有没有无所谓，我担心的是我怀孕了，以及如何解决我的伴侣问题。"

人判断事物好坏的主观性就是这样一直让我感到惊讶！

## 内疚

这是一种纯粹的人类情感，我们不会与其他任何动物分享[①]，并且在我们还是孩子时就会有这种情感了。

当语言出现时内疚就形成了，它有助于我们知道何时做错了什么并能够纠正它。

这是一种如同羞耻一样的情感，它帮助我们知道如何对待他人，什么是正确的，什么是有害的。

像所有处于健康状态的情绪一样，带着一些内疚去生活是必须的，但是如果情绪超出一定的水平，我们则可能会非常痛苦，并且会陷入沉迷之中，不断产生使自己无法工作的想法。

内疚有时使我们成为自己最大的敌人。

在所有情况下，为了管理会对我们造成伤害的情绪状态，我们必须学会调节自己的情绪，否则就会发生所谓的"情绪绑架"，我们的情绪控制了我们，使我们成了不想成为的人。

这种情绪调节是在儿童时期通过抚养者学习的，但是如果儿童时期无法实现，我们将不得不在成年后自己学习。例如学习瑜伽或心灵感应这样的"技术"，寻找一个好的治疗师，每

---

① 养宠物的人大多都见过宠物表现得它们好像感到内疚。但这只是我们的解释，动物并不会因为悔恨而感到内疚，也不会因为所发生的事情而感到内疚。它们可能会感到悲伤，但不会感到内疚。

天花点时间做我们喜欢的事情，可以帮助我们保持冷静，更好地管理和"管制"情绪。

思想常常成为我的病人在头脑中听到的声音。它们非常令人痛苦。它们几乎总是与内疚有关。

对我来说，最能帮助我的病人接受治疗的是帮助他们了解自己。了解这些情绪在什么时候是有用的，以及在身体的什么地方能感受到它们。

患者了解自己有助于他们在日常生活中识别自己的情绪和感觉，从而调节它们。当他们学会了解和管理自己的情绪时，他们得到的感觉是骄傲和心理授权[①]。

---

① 心理授权是授权个体的内心感知和体验的综合体，是个体所能感知到的一种内在的工作动力的心理体验。

## 结论

　　情绪是哺乳动物为能够与本物种的其他个体建立联系和合作机制而发展出来的。在人类中，情绪还帮助我们与其他物种建立关系。从定义上讲，情绪是无法控制和无意识的。因此，在治疗中，以及在我们整个生活和工作中，我们将不会试图控制它们，而是学会与它们生活在一起。

　　有许多情绪是有害的，我们必须学会调节它们，理解它们想给我们上什么课，因为它们在某种程度上或在某个时候是有用的。我们必须记住，情绪在某种程度上是有效的，这就是我们的情绪大脑会重复它们的原因，这是一种本能的生存机制。

　　知道如何识别情绪，并意识到它们有助于调节情绪，从而反思和整合它们，这样我们将重新获得控制权，并感到更加融合和冷静。

　　如果我们以错误的方式消除我们的情绪，我们最终会精疲力尽，消耗体内的能量。我们做出不去感受它们，甚至是完全阻止它们的行为，会导致我们的身体不适。

# 第三章

## 童年是我们
## 一生都要面对的花园

我是谁？这个问题很难回答，而且回答的结果会因人而异。

有一些客观数据：我身高 183 厘米，是一名心理学家和生物学家，已婚，有两个女儿，住在福恩吉罗拉一所我喜欢的房子里。这些事实属于我们客观地了解世界的方式。

但是，如果让我照照镜子，说出自己对情感的看法，我会看到一个人开始回到 20 世纪 50 年代，他总是需要刺激，有时会搞得精疲力尽，他想更多地帮助别人，但也不总是这样。这些事实是主观的，不必与其他人看我的方式相吻合，它属于我对自己的主观感觉，属于我对自己的内隐或情感记忆。

我要请你做一个测试：

照镜子，感受你所看到的。

镜子里的人对你的感觉如何？你对他感觉如何？

你对他感到排斥还是为他自豪？

你现在的年龄是多少？

　　我经常要求患者照着镜子，告诉我他们所看到的内容，以便他们可以看到他们的"感知自我"。实际上，他们所看到的就是他们认为其他人正在看到的东西，这通常与内疚和羞耻联系在一起。这是两种非常有害的感觉。

　　童年时期我们拥有了第一面镜子——抚养者，这些情绪（通常伴随着非常不愉快的感觉）便是从抚养者身上学习到的。

　　发生这种情况的原因是，人类需要通过他人来了解我们是谁，谁是我们的参照点。人类具有主体间性①，我们根据他人对我们的看法来观察自己。因此，我们的抚养者是我们早年看待自己的一面镜子。

　　根据我们对他人的感受，我们会有这样的感受：我们是否感到爱？失望吗？愤怒吗？接受温柔吗？不耐烦吗？我们收到了什么信号？因为这些信号将被刻在我们的语言记忆中，并刻在我们是谁以及我们在世界上的什么位置的规则中。

　　几年前，我在一个课程中发现了一种叫作"依恋"的东西，从那一刻起，我就着迷了。它把我最热衷的两个主题联系在一起，即生物学和心理学。

---

　　① 主体间性即人对他人意图的推测与判定。主体间性有不同的级别，一级主体间性即人对另一个人意图的判断与推测，二级主体间性即人对另一个人关于其他人意图的判断与推测的认知的认识。

随着时间的推移，我开发了一个模型，用来解释在生命的早期如何通过与抚养者的关系产生积极的情绪，当然也会有消极的，甚至是导致人自残的情绪。

这幅画的作者告诉我，当她还是个孩子的时候，她用床单搭建了一所房子，把她的毛绒玩具当作看门人。她觉得它们在保护她。

三种主要或原生的情绪包括恐慌、恐惧和愤怒。

> **恐慌：**神经生物学家潘克塞普之所以将其命名为"先天回路"，是因为它与成年人的恐慌症密切相关。当我们感到孤独或恐惧，并且附近没有令人感到安全的人时，它将被激活。

例如，假设有一窝小狗，你看上了其中的一只，决定把它带走。一开始，小狗会一直叫唤（这里我们称之为"依附的叫声"），但当你陪伴它、宠爱它，给它奶瓶，小狗就会渐渐平静下来，它会把你当作它新的依恋对象（你也会选择它）。不管过了多长时间，当你不在它身边时，它都会很伤心，再见到你时就会非常开心。

动物（哺乳动物，因为爬行动物没有）和人类之间是有区别的，在我们身上，当我们的依恋对象不在身旁的时候（比如我被送进了医院，或者我被送进了学校，而此时的母亲因为忙碌或者沮丧，没有照顾到我的不良情绪），这个回路就会被激活。

情绪上的忽视可能是因为依恋的人情绪低落，或是他们之间整天争吵，或是因为祖父去世了，或是妈妈生病了，等等。如果造成了时间较长或非常强烈的忽视，恐慌回路将被强烈激活。

任何与依恋相关的威胁或恐惧都会激活这一回路，无论是疏忽、身体虐待还是心理虐待。比如，因为"我的母亲强迫我做与我的年龄不相符的事情"，或者因为"我在家里看到暴力"，或者因为"我必须照顾和保护我的兄弟姐妹，以一种超出我的能力范围的方式"，等等。

孩子一出生就具有先天的情绪回路，而情绪回路又包括基本情绪（原生情绪）。这些情绪来自遗传。

随着孩子在抚养者和亲密人物的陪伴下发现世界时，这些情感就形成了我们所知的性格。

打个比喻，我们可以将孩子出生时与硬盘上装有操作系统（例如 Windows）的计算机进行比较，它可以帮助我们打开并允许我们开始使用它，但随着时间的推移，我们将添加（或删除）我们认为对我们的任务或休闲有用（或没用）的程序。

不幸的是，随着时间的推移，病毒或木马也可能被安装在这台计算机上，干扰其正常运行。在人类中，这些自然功能的异常被称为"精神病理学"。

根据神经生物学家潘克塞普的说法，孩子的大脑具有 7 个基本的情感回路，它们分别是：恐慌（情感分离）、恐惧、愤怒、关怀、情欲、游戏和搜索。如果您注意看的话，前 3 个令人不快，我们不喜欢它们，但是它们确实是其中的一部分，因为它们使我们能够抵御负面影响。其他 4 个则是积极的，能够帮助我们找到吸引我们的东西。

恐惧：恐惧回路在系统遗传学上比恐慌更原始（我们和爬行动物共同具有这种回路）。人们常常把恐惧与恐慌相混淆，但它们是不同的，使用不同的物质、器官和大脑回路。恐惧与痛苦和焦虑的循环直接相关，当恐惧回路被激活时，我们的大脑就会自动产生与愤怒相关的活动。

愤怒：该回路和一切意味着战斗、逃跑的东西相关。这是一种明显的防御情绪，用来获得统治和地位，并设置界限。哪里有愤怒，哪里就有恐惧；哪里有恐惧，哪里就有愤怒。

在我另一个病人的推荐下，安东尼娅来到了我的诊所。她的实际年龄是 30 岁，但看起来有 50 岁了。她全身肌肉疼痛，失眠特别厉害，患有严重的抑郁症，这让她对任何事物都没兴趣。

"安东尼娅，你给我的感觉是你患有纤维肌痛综合征。"

"是的，医生诊断出来了，但他们只给了我抗抑郁药，别的什么都没做。"

"纤维肌痛综合征与情绪疲劳有关，当有持续压力时会使身体崩溃。就好像我们开车时开得太快太久，车就坏了。你的童年是怎么样的？"

"天呐！我从哪里开始说呢，我妈妈在我很小的时候就去世了。在我四岁时，她死于癌症。我只记得一张她在医院的照片，我记得她躺在床上，抚摸着我的头发。其他的我都不记得了。之后是我的奶奶照顾我。我10岁时，我爸爸娶了一个坏女人进家，她打我，虐待我，一直让我做家务，如果我不做她就会打我。"

"那你爸爸呢？"

"他整天都在工作，我不想成为他的负担。所以等他下班回来后，我特别会掩饰，表现得特别轻松。我很傻，为了不让爸爸担心，我什么都不说。"

"你好像对你自己也很生气？"

"我最大的敌人就是我自己，我很羞耻地告诉你这个，但是我时常会自虐。我不喜欢我自己。我甚至会为上街购物而感到羞耻。"

"你结婚了吗？"

"我嫁给了一个起初看起来不错的男人，但很快他就开始侮辱我、虐待我。他是个酒鬼，直到结婚后我才知道。我真是倒霉透了！"

我将再次从依恋的角度来谈论愤怒。这是一种具有特殊性的情感，它可以向内传播，也就是说可以抑制自己。例如，因为我们不想成为别人的负担或担心所爱的人，或者因为表达它，我们会被侮辱或责打。我们称之为"抑制性愤怒""冷淡的""副交感神经①"。

我们在童年时学会隐藏的愤怒会让我们的性格特征接近于避免依恋。也就是说，我们会避免展示我们的需求，并学会逃离可能被证明是冲突或痛苦的情况。

在一个平衡的人身上，这两种类型的愤怒会以一种适应性的方式交替出现，我们会产生安全的依恋；但如果它们被过度或不充分地表达，那么我们就会产生混乱的依恋。

当我们感到愤怒时，身体会产生一种叫作"皮质醇"的激素，这是人们几千年前面对狮子或孩子饿死的危险时产生的激素。

---

① 副交感神经属于自主神经，也称为"植物神经"。主要维持安静状态下的生理需求，刺激它能引起心搏减慢、消化腺分泌增加、瞳孔缩小、膀胱收缩等反应。

愤怒与依恋直接相关。根据愤怒的样子和表达方式，我们会发现不同类型的依恋。

在今天，我们绝大多数的恐惧都发生在永远不会发生的环境中，我们的情感大脑无法区分现实和虚构，它的行为就好像问题是真实存在的。

面对这些无法解决的问题，大脑会产生大量的皮质醇，这些问题会影响免疫系统、性、消化系统（肠易激综合征和溃疡）、睡眠等，并且随着时间的流逝会产生引起炎症和疼痛的细胞因子。而这些在医学上无法解释。大脑无法区分真实的危险和想象的危险，因此对两者都采取同样的方式。

当我们说一个人焦虑（这与依恋的类型无关）时，我们的意思是这个人有恐惧和愤怒。有时你可能感觉不到它，但它就在那里，它会让你的大脑进入战斗或防御模式。

"安东尼娅，你的童年是非常痛苦的。这些创伤以危险记忆的形式储存在你的大脑中，并继续做出反应，就好像危险正在发生一样。失去母亲、继母的虐待和父亲的冷漠都对你产生了负面影响。他们让你认为在某种程度上，你只会经历不好的事情。"

"这就是为什么我总是选择那些对我不好的人吗？这就是为什么我今天还要照顾躺在床上的继母吗？"

"是的。你的大脑令你从小就认为你不值得爱，你会无意识地自动地这样做。我们称之为'过程记忆'，它是一种总是以同样的方式做某事的倾向。"

"可以改变吗？我不想再这样生活了。"

"是的，你可以，但需要你的努力。内疚和羞耻一直操控着你，现在是你重新控制它们的时候了。"

我在这一章中提到过，原生情绪是所有哺乳动物都有的。但也有我们所知道的次生情绪，这是只有人类才有的。

次生情绪包括骄傲、贪婪、欲望、野心等。我感兴趣的是内疚和羞耻，看看它们是如何与童年和依恋联系在一起的。

　　这两种次生情绪在孩子中表现为一种感觉，可以控制孩子与抚养者的关系。全人类都有这些情绪。当它们处于最佳水平时，它们是适应性的，但如果它们非常强烈，它们就会变得病态。

　　在童年时期没有安全感的孩子会产生强烈的情绪和感觉，以适应抚养者的环境。

　　当他们觉得照顾和保护他们的人成了威胁和恐惧的来源时，他们就陷入了一个无法解决的悖论中。有时是因为这些照顾和保护从来没有出现过，或者根本不存在，比如被遗弃的孩子。

　　感觉我不好或不值得，我觉得我仍然可以做一些事情来改变，最重要的是，我免除了父母的责任，因为孩子的依恋比其他任何事情都重要。

　　这是因为所有哺乳动物在童年时都必须有抚养者的照顾才能生存下来。这些恐惧和愤怒的感觉属于他们的情感基因。当他觉得生存岌岌可危时，恐慌回路就会立马被激活。

　　所有这些情绪加在一起形成了我创建的一个模型，它把神经生物学和精神病理学联系起来，我称之为"PARCUVE"，因为它把恐慌、焦虑、愤怒、内疚和羞耻联系在了一起。

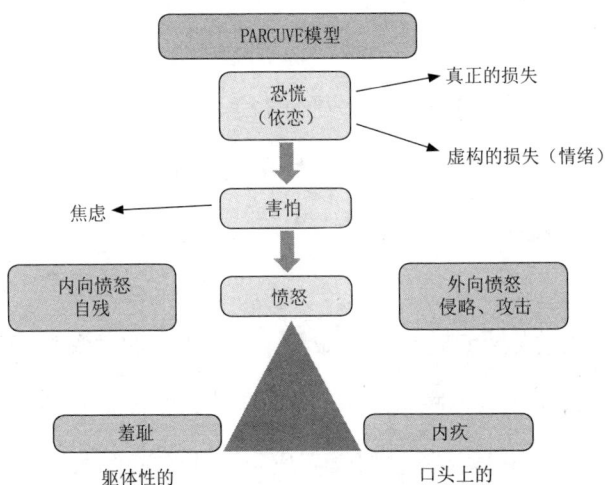

PARCUVE 模型是恐慌、焦虑、愤怒、内疚和羞耻的结合。它代表了当我们在童年遭受真正的或情感上的忽视时，大脑采取的策略在当时是适应性的，但是，随着时间的推移可能会变得病态。

　　所有的哺乳动物在出生时都依赖于它们的抚养者才得以生存。它们需要被喂养、被保护，直到它们逐渐长大。当青春期（性觉醒的时刻）到来时，它们可以照顾自己，寻找伴侣，保证生命得以延续。

　　这种情况在人类身上更加真实。我们的身体和大脑发育所需的时间比其他哺乳动物要长得多，因此我们的童年是极其漫长的，在这期间都要依赖我们的抚养者。对儿童来说，有必要在身体和情感上与其他成年人联系起来，这些成年人在情感上保护、照顾和调节他们，直到他们能够自立为止。

在人类中，感情纽带比其他需要都重要。一个孩子的大脑直到青春期才会产生抽象的思想，这就是为什么孩子们相信魔王、小老鼠佩雷斯、圣诞老人，以及所有的大人对他们说的话。

我想具体应该这样说：如果一个孩子小的时候我们反复辱骂他，他会认为辱骂是应该的；如果我们总是打他，他会觉得他应该被打；如果他受到虐待，他会觉得他应该受到虐待。

依恋的纽带比其他问题都重要。如果一个孩子在和抚养者的关系中发生了不好的事情，他会认为他是坏的；如果发生在他自己身上的事情不太好，他会认为他是非常坏的。这是理解所发生的事情的唯一途径。

我已经在前文中解释了原生情绪，但是我将更多地强调内疚和羞耻，因为它们涉及人类的精神病理学。

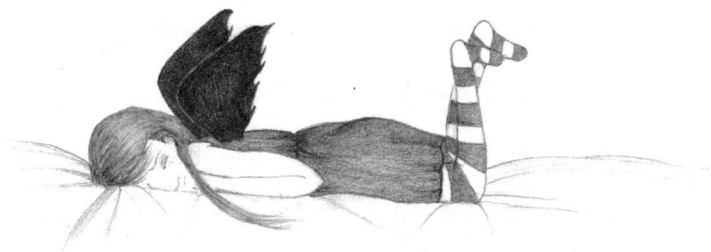

玩耍和恐惧是不相容的。如果紧张，孩子的大脑就不能放松和享受。如果没有游戏，孩子就不会学会和其他人交往。

### 内疚

它是一种认知情感，这意味着它与思想有关，与我们的说话方式有关。

罪恶感与我们的具体行为有关，在某种程度上是可以弥补或补偿的。尽管罪恶感越大，就越难以消除。它与具体的事情有关，在某种程度上我们觉得我们可以修复。内疚与"我不好"有关。

### 羞耻

它是一种身体上的情绪（感觉在身体里），淹没了整个人，是一种非常有侵略性的情绪，感觉就像无法移除或控制的东西。

我们经常把它与身体的不同部位关联。羞耻与认为"我不值得"有关，即认为我有缺陷，会被拒绝。

我们经常能在身体的某个地方感受到羞耻感。男性通常在生殖器上感到羞耻，这与他们的男子气概有关；而女性可以在身体的任何部位有这种感觉。

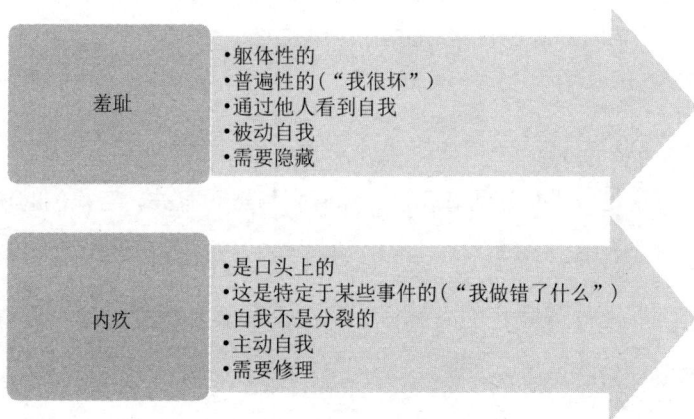

| 羞耻 | ·躯体性的<br>·普遍性的（"我很坏"）<br>·通过他人看到自我<br>·被动自我<br>·需要隐藏 |
| --- | --- |
| 内疚 | ·是口头上的<br>·这是特定于某些事件的（"我做错了什么"）<br>·自我不是分裂的<br>·主动自我<br>·需要修理 |

　　羞耻和内疚虽然是两种社会情感，但彼此之间差距很大。羞耻指的是整个人（这就是我的本能），内疚指的是行为（我所做的事情）。

为了弥补我们童年所遭受的创伤，有必要改变我们生活的意义。在生命的早期，情绪是通过抚养者的评论、态度或情绪来体现的，并以这种方式储存在我们的边缘系统（也被称为"情绪大脑"）中。

　　在治疗中，治疗师为了了解患者的现状，会使用某些治疗手段，帮助患者重温曾经的创伤时刻。治疗师的工作是为患者提供安全感，帮助他们重温所发生的事情，以改变与这些时刻相关的情绪。

## 结论

　　我们的童年都有创伤。事实上，这是积极的，因为它使我们更强大地面对世界。但是，如果它们极大地超过了儿童的耐受能力，那么它们就会成为侵扰性的、不人道的，会影响我们的个性和人际关系，并且为了感觉更好，我们会做出对自己伤害更大的事。童年的经历为我们的成年生活奠定了基础，这就是为什么早年的经历对我们的影响如此巨大。

　　也许，处理童年的创伤是心理学家面临的最艰巨的任务。因为这些与内疚和羞耻感有关的不理智的信仰，是个人情感基因的一部分。基于长时间的重复，我们不知道如何以不同的方式生活，当它们非常有害时，它们会使我们的人际关系变得无能为力，影响我们的健康。

　　治疗师的工作是帮助患者，让他们回到相信或感觉自己没有价值，甚至是有缺陷的时刻，并利用治疗师所拥有的知识，帮助患者重新体验它们（通过特殊的催眠技术）。所以，对治疗师的信任是至关重要的，他会帮助患者理解所发生的事情，以改变患者从小就学到的非理性信念。

**第四章**

自我困惑：
欢迎来到青春期

从 9 岁到 12 岁，人的身体开始了一场革命。大脑进一步发育，开始逐渐生长出新的神经连接，这使得孩子成长为能够建立抽象思维的成人，也使得他们具备在令人喜爱的和可畏的事物之间进行推导和辩解的能力。

青春期的孩子带着这些新技能，开始探索自己的个性，辨认自己的感觉以及学习调节自己的情绪。

在这个年龄段，性器官开始发育，身体充满了荷尔蒙，这将引起整个身体以及思想上的变化。

孩子们开始对社会关系更加感兴趣，变得对别人的意见更加敏感以及开始展现出对性的兴趣。

总之，孩童的重心从抚养者身上转移到其他人身上，对其抚养者的完全追随被分化。他们开始创建身份感，而这不是基于其抚养者，而是基于他们的陪伴者。

有一天，我 14 岁的女儿对我说："爸爸，我的班级里有呆傻天真的人、正常人和聪明人。我以前是很傻的，但现在我属于正常的那一类。"

对此，我回复道："这非常好，亲爱的，继续如此吧。"

我认为不存在比青少年集群具有更多阶层的组织。生活在一个组织中是哺乳类动物的基本需求，因为这便于我们知道自己在组织中处于何种地位，也就是说成为雄性、雌性，或张三、李四。

我在青少年时期，清楚地意识到自己是这样一个年轻人：性情复杂，架着眼镜，不擅长运动，并且总是随身带着书。也就是说，是一个反常化的青年。

我对长期性目标投入很多，并且喜欢琢磨对于这个年龄段来说限制性的事物，或者那些令我感到复杂的事物。随着时间的推移，它们变成了我通往成功的工具。

我喜欢想象与"青年的我"对话，我对此心怀感激，因为如果没有当时的我，我也不会是现在的我。但是，有一件事是真的：我希望有人能给当时的我解释如何在社会关系中获得成功，并且给青年的我提供更多的支持和安全感。

当青春期到来时，我们的身体开始分泌性激素，出现特殊的身体变化。男孩子们长出了肌肉组织，长高，长出汗毛，并且变了声音。女孩子们则开始拥有更加曲线化的身材。每个人都开始关注其他人，尤其是关注其他人在想什么。

但是，在青春期，变化不仅发生在躯体上，也发生在大脑中。其中一个重要的变化即为"神经网络剪枝"。在"剪枝"的过程中，大脑消除不被使用的神经元，并且使童年时期学到的东西更加根深蒂固。

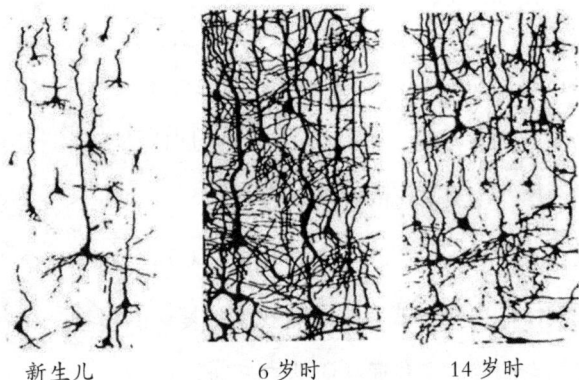

新生儿　　　　　6岁时　　　　14岁时

我们的大脑对新事物最开放的年龄是6岁。因此，在这个年纪很容易学会其他语言。在整个青春期，许多已经不被使用的神经元死去，个性将被定型。

到了青少年时期，孩子们心中的优先性排序也开始变化。他们从着重获得父母的认可，转为获取其他青少年同伴的认可，并且开始追求产生对异性的吸引力。所有在童年时期学到的技能，到了青春期会被应用，以便和其他人产生联系。

事实上，如果我在孩童时期在关系中感受到安全感，这将反映到我如何与其他人进行分享上。但是，如果我在亲密关系中是不安全的，那么我和其他人的关联方式将可能是有缺陷的、过分的或孤僻的。

同时，在这个年龄段，不同性别的青少年，个性开始趋向差异化。青少年是生命中的一个阶段，在这个阶段中我们经由成人获得自我身份感，而这充满风险，尤其是对于男孩而言。

如果我们在童年时期没有从亲密关系中感觉到安全，则一定会发展出和其他人的有缺陷的关系吗？答案是否定的。

在青少年时期，我们有很多机会去学习如何和其他人建立健康的关系。因此，在青少年时期与我们产生关联的伙伴和朋友非常重要。这能提供一个新的支持和信任的源泉，使得我们学习如何与其他人、与自我建立不同的新关系。我们将这称为"适应力因素"。

对危险生活的倾向性会产生一些后果，有时候甚至影响到一生。男孩是其所犯的大部分罪责的主要责任人。违法犯罪对于成年人来说是少见的，但是对于青少年来说却更加容易。

男性青少年更容易有违法犯罪行为。但是，这种反社会的行为习惯，随着年龄的增长几乎都被改正了。对于各种性格的男性青少年来说，展示权力很重要，他们借此在组织中占据高等级的阶层。

所以，如果我没有一个幸福的童年，那么我酗酒的可能性更大，并且我在饮食、游戏和做出更具风险的行为方面也会产生问题。

正如我们所见，童年时期的我们，在生理和心理上需要完全依赖我们的抚养者而生存。而到了青少年时期，将出现第二次心理成长，并伴随着身体和大脑的非常重要的变化。青少年

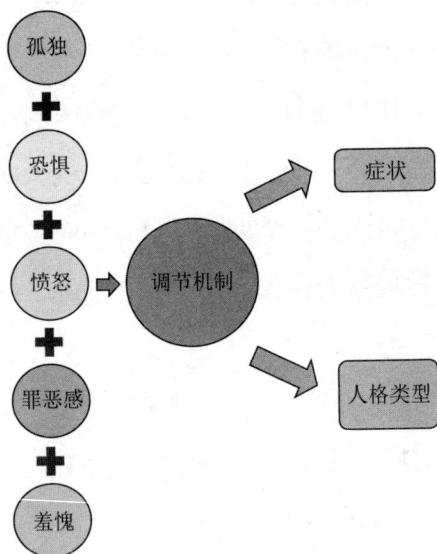

童年时期的有害情感将使我们建立调节机制来排除它们。这可能是积极的或消极的。人格类型和症状将帮助我们管理焦虑情绪。

将变换其心中的优先性排序，不再主要依赖其抚养者而存活，而是开始寻找伴侣、朋友、帮派，也就是说更多地和其他人产生关联。

大部分疾病突然出现在青少年时期，而且会变得更加严重。我们没有自然地在抚养者身上学会健康的情感，导致大脑不能产生足够的多巴胺，但这恰恰是青少年时期急需的神经递质。

当在童年时期出现心理疾病时，通常会产生注意力缺陷障碍（俗称"多动症"）、腹痛和焦虑等症状。但是几乎不会在青少年时期出现这些严重的疾病，除非有非常严重的心理创伤。青少年需要一个高度的自我评价，以便在这个开始成年的阶段成功地存活下去。并且，他们在各种有助于提供舒适感的活动或他人中寻找快慰，哪怕是暂时的。

病理学行为可能如下：

## 迷恋

执迷于某种活动，诸如学习或体育，也可能是任何能给他们带来成功感的其他事物，以便感觉自己是有用的。有时，这些活动甚至取代了和其他人发生关联。

## 贪食症

饮食过量或经常吃零食，这对于此类人来说相当于很重要的抗焦虑药，能够带来片刻的安宁。但是，随后他们可能出现罪恶感和羞愧感，而这又造成焦虑，继而为了平复自己，他们开始再次进食。有时候，催吐将产生很大的放松（和排出罪恶感），我们将此类疾病称为"贪食症"。

但是，什么都不吃也是一种用于欺骗感觉的疾病。什么都不吃的人是进入了一种行为和能量的狂乱状态（其大脑发出指令，要求自己活动起来并且寻找人们通常不提供的食物），当他们体验到具有控制感和成功时，就不再感到难受。如此，治愈厌食症变得极其困难。

## 上瘾

例如酗酒。正如我已经解释过的，上瘾帮助大脑产生提供镇静和快慰的物质。但是，以这种人为的方式供应多巴胺，大脑就更加无法自然地产生多巴胺。而不快的感觉使得人们持续地酗酒，并依赖于此。

成瘾症状不仅仅发生在酗酒上，也可能发生在游戏、性，以及任何能带来快慰或使得人们忘记自感无能的事物上。

### 反社会行为

青少年最大的恐惧便是被群体排斥。在很多情况中，他们为了被接受，不惜做出任何行为。有时候，由于被生理或心理上抛弃，反社会行为会成为表达愤怒的一种方式。

### 强迫型障碍（着魔）

建立了不良亲密关系的青少年，为了逃避这种依恋关系，学会不去感觉，而逃避的方法就是思索。当思索过度，他们开始尝试排除令人非常痛苦的罪恶感和羞愧感。他们可能会痴迷于这种方式，患上某种无法治愈的疾病，例如洁癖、着迷于伴侣所关注的事物等。

引起这些疾病的原因并不重要，重要的是他们进入了强迫的思维循环，这占据他们的全部身心，然后再次引起他们试图排除的焦虑。

### 自残

与大部分人的直觉或想法相反，自残并非一种求取关注的手段，而是用于缓解情感创伤。当患者自我伤害时，能感受到痛苦（有心理创伤的人可能无法感觉到自己的身体），通过生理上的痛苦减轻了难以承受的情感痛苦。

## 自杀

这是西班牙青少年死亡的第二大原因（首位是交通事故）。由于童年时期处于极度不安全的亲密关系中，到了青少年时期，他们会感受到情感上和躯体上的痛苦。活着使得他们痛苦，他们梦想着浪漫而凄美地死去，来得到被痛苦折磨的缓解与减轻。

此外，当感觉到极大的罪恶感或羞愧感时，他们会认为自己是一种负担，认为自己离群索居甚至死去会让其他人感觉更好。有时，他们为了让别人感到后悔，也会产生自杀的想法和行为。抑或这两种因素同时存在。

如果一个人在童年时期没有获得良好的对待，到青少年时期时会发生什么呢？他们会感觉自己是有缺陷的、无能的或没有安全感吗？通常他们面对其他人时会感觉低人一等，永远不够好，并且寻找方法来使自己感觉好一些。

这种行为模式不仅发生在家庭或伙伴关系中，也延续到物质、性、强迫性行为、体育运动或危险活动中。也可能其会发展出人格障碍而无法适应新环境。但是，在童年时尚且没有学会健康的依恋关系，现在他又能做些什么呢？

如果让你给一个与你的女儿同龄的女孩做心理咨询，你会怎么做？这个女孩可能看起来很年幼，但是这个年纪的她经历的东西也许比你一生经历的都多。


"我没什么，我不知道为什么带我来这里。"

"我想你可能认为所有的心理医生都很讨厌，让人不得安宁。"

"人们像对待其他小孩那样对待我，好像我是傻子一样，他们强迫我画画、回答测试问题，和我讲话时如同面对一个白痴。"

"我提议玩一个游戏。我觉得你看起来很聪明。我们来玩个游戏，看我能不能说对三件关于你的事，而这些都是你没有事先告诉我的。

"第一，你讨厌自己。你的内心感觉自己是一个怪物，好像是一个有缺陷的人。

"第二，你会自我伤害。可能拿刀子割自己或挠自己，直到出血。你肯定有其他饮食癖好，并且你讨厌人类。

"第三，你想自己最好去死。"

"你是怎么知道这些的？"


至少，我已经能够引起她的注意和一些尊重。这将是角斗士的比赛场，这个小女孩迫切地需要能够信任某人，但这将使得她感到无比脆弱。

这个女孩名叫辛西娅，我们暂且这么称呼她。她和年纪远大于她的男人发生性关系（正如我前面说过的，寻找给她造成伤害的人）。她割伤了自己并且两次尝试自杀。她用刀威胁过自己的母亲。她年纪尚小时就有了男朋友，她非常害怕男朋友"劈腿"。

我不知道辛西娅是否享受过童年的快乐，我猜想没有。因为她的继父从她5岁开始便对她进行伤害，而她的母亲对此毫无察觉。没有任何人能够还她童年，她被迫快速地进入了成人阶段，而且这个阶段也被迫地快速迎接她。

辛西娅的案例并非少见，我遇见过不少类似的案例。当我看到一个患有成瘾症的、有抗拒性的、好斗且麻木的青少年时，我总是尝试找寻他心底那个胆小又孤独的孩童。

我认为，大部分心理疾病的根源，在于大脑尝试在不安全的情况下进行自我调节，寻找人格策略或控制感。即使一开始对于某些情况有用，但随着时间的推移，也将变得不合适和病态化。

当到了22岁，进入了成年人的世界，开始工作并拥有了家庭，一切将更加复杂，好似是在没有出口的房间里疲于奔命。

　　我曾经听到过一句我很喜欢的话："制造问题的孩子本身就有问题。"这句话用在青少年身上再合适不过。青少年时期是一个充满不安的时期，需要父母非常关注孩子的成长，需要设定界限，也要给予鼓励。

　　在青少年时期，一个良好的监护人，作用是非同小可的。一个能令人信任的老师、家长或治疗师能使青少年身上发生奇迹。在这个年龄段，感到能够信任别人是最具有治疗效果的。

　　一个良好的监护人是给带有创伤的青少年提供支持的人。他对于孩子来说是一种参考，使得他们能够更有安全感地体验这个世界。

## 结论

　　童年时期我们开始认识这个世界，青少年时期我们开始思索我们在这个世界中占据何种位置。此时，我们开始通过其他人来验证自我。

　　开始有性意识，探索禁忌的边界，探索自我的价值，获知自己是有用或无能。父母此时会发现他们的孩子变得难以管理和控制。

　　青少年需要规则和限制，但是也需要理解。一个有创伤的青少年，会因为自己的需求没有被察觉而放任自己的冲动。在这个阶段，他们需要建立自我。他们通过"推翻"（一种象征性的方式）自己的父母、老师、学校来实现，进而感觉到自己的特殊和独一无二。

　　我喜欢对父母们说："橡树下的橡子无法成长。"大树会遮盖阳光，树根占据整片土地，橡子必须远远地到其他地方生根发芽才能成长和繁茂。因此，橡子总是在离父母最远处生长的。

**第五章**

疾病和症状：我们混淆了
紧急情况和重要的事情

我曾经花费了很多年才开始理解自己（但是我不认为我永远都无法做到）的恐惧或行为。我需要去极其危险的地方旅行，需要自我验证，需要其他人的认可……我不想说这样做对我来说有任何不妥，事实上我认为我的生活可以回馈给我很多东西，我有机会体验更丰富的人生。

我有一个非常完美的妻子，两个可爱的女儿，一份我喜爱的工作，爱我的人们，旅行以及生活所带来的体验，等等。唯一的问题就是我不理解自己，更确切地说我的内在自我并未感到舒适。

10年前，当我成为心理医生时，我开始意识到事情并非如同人们（包括我的老师，家庭和社会中的人）已经告诉我的那样。我意识到是环境造就了我，而这些环境是我选择的和自然降临的。我改变了自己的看法，我决定不再和自己置气，我开始试图理解这一切能给我带来什么。[①] 我采用了给病人治疗时所使用的疗愈体系，结果很棒。

没有人喜欢感觉到缺陷，没有人想要酗酒，也没有人想要成孤家寡人……这些只不过是为了适应这个复杂甚而艰难的世界的无奈选择。

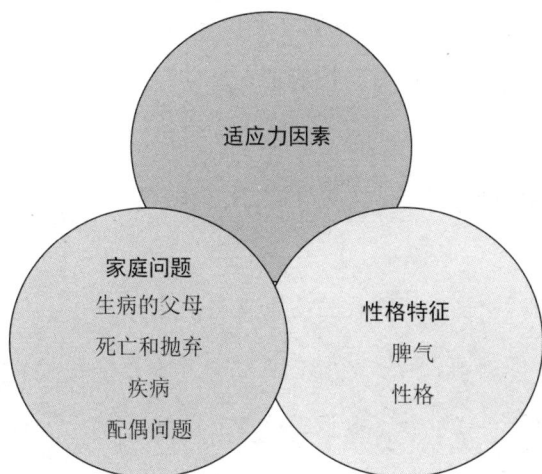

心理病理症状有许多引发因素。家庭问题、性格特征，以及适应力因素[②] 是帮助我们维持自我，变得更强壮和更聪明的要素。

---

[①] 我坚持认为如果在大脑里确实存在着情感，是因为在某些时刻它是有用的，即使在当下是灾难性的。这些情感发挥了它们的作用后，大脑会一直使用它们。心理治疗在于理解它们的作用是什么，然后改变它或者缓解它。总之，是让情感为我们服务，而非被其奴役。

[②] 适应力因素，在心理学上，即一个人克服创伤性情况的能力，创伤包括亲人的死亡、事故等。

理解在什么时候以坚决的方式行事，什么时候使用一个情感调节或行为调节策略，才能更有效地帮助我们理解自己，帮助我们意识到为什么我们会依赖某事物或某人。一旦理解和改变了这种感情，以非自动或非强迫的方式行事则简单多了。

我看到危险越大，解决方案就会越决绝，并且意识到不仅仅要对症状进行治疗，同时要理解它们在何时发挥作用。帮助病人走回已经完成的旅程，能够使得我们之间更好地互相理解。这样，我们将"成为更好的自己"。

当我们发烧时，我们会吃退烧药。因为发烧会产生任何人都不想有的不良感觉。我们想象着吃一片阿司匹林，高烧就退去了。如果我们得的是感冒或流感，几天之内我们确实会康复，然后继续正常地生活。但是，如果我们感染了其他疾病（比如斑疹伤寒），却不对症下药，我们的身体就会受损甚至死亡。

我们的大脑和心理疾病，情况也是一样。我们会把症状（焦虑）和疾病（大脑发出的危险信号）相互混淆。

如果我们吃药，我们会感觉好一些，在大多数情况下我们的病症就消除了。但在某些情况下，疾病仍然存在，然后我们将有两个问题要处理：焦虑和疾病。在此我们先不谈疾病。

焦虑（症状）是我们的身体发出的不适或疼痛的信号，当我们的大脑察觉到危险时，我们不能仅仅缓解焦虑，还应该知道是什么引起大脑发出危险的信号。焦虑正如感染，也是身体保护自己而产生的症状，但不是一种疾病。

为什么我们会产生焦虑？为什么我们的身体做出如此反应？我想请你在脑海中做这样一个想象：你游历到了一片非洲大草原，看到一只瞪羚带着两个月大的幼崽。瞪羚妈妈抬起头，开始闻起来，然后变得警觉。幼崽看到妈妈这样做，也跟着警觉起来。在闻到味道（我们想象是狮子的味道）的同时，小瞪羚将会感到来自腹部的一种刺痛，这种疼痛将和狮子的味道联系在一起。杰出的神经生物学家安东尼奥·达马西奥称其为"躯体标记"。

那么，将来会发生什么呢？当小瞪羚长大，感觉到腹部的刺痛时，就会想起这种疼痛意味着危险，而无须花费时间来考虑气味来自斑马（无攻击性）或是来自狮子（非常危险）。腹部的刺痛就像是大脑发出的警报，告诉瞪羚应该警觉、逃跑或者攻击。

焦虑（很多时候是令人不快的）是身体的一种症状（具体来说是属于自主神经系统①的），它想要告诉我们有危险。有些时候，危险是真实的，例如一个拿着一把刀的人要抢劫我，或是一只狂怒的狗将要咬我。但是其他时候，大部分情况下是没有实际危险的，面前没有任何令人恐惧的事物，但是焦虑却没有停止，危险都是我们想象出来的，而我们的大脑把它们当成了现实。这个问题我们稍后再讲。

很多时候，症状不仅仅是焦虑，也可能是失眠、恐慌、非理性地不敢出门或乘坐火车。这些都是某些深层次东西的表面征兆。我重申：如果仅仅试图治疗表面看到的，或是被表达出来的症状，就无法解决大脑中深层次的问题。尽管我们可以消除一些症状，但是会出现其他症状。

如果我感到非常焦虑和不适，我将不惜做任何事去排除这些感受，我用"做任何事情"并非在夸张。我将寻找各种方法来帮助自己减轻焦虑，诸如：

• 使用医生开具的合法药品。这是一种掩埋焦虑的非常好的方法：我感觉不到，因此我也不用承受。

---

① 自主神经系统由交感神经系统和副交感神经系统两部分组成，支配和调节机体各器官、血管、平滑肌和腺体的活动和分泌，并参与调节内分泌、葡萄糖、脂肪、水和电解质代谢，以及调节体温、睡眠和血压等。

- 玩刺激的游戏。因为当我们感到兴奋、刺激的时候，我们便没有时间去考虑其他事物。

- 寻找一个伴侣。

- 食品作为"抗焦虑药"也很受欢迎。我可能会吃很多，因为当我暴饮暴食的时候，我的大脑停止了思考，让我感觉不到焦虑。或者我什么也不吃（厌食症），这也是一种排除感受的方法。在两种情况中，都会有人在吃完后呕吐来释放进食后的愧疚感，我们称之为"贪食症"或"交替性暴食厌食症"。

- 以强迫的方式来行事，诸如沉迷于学习、过量运动、玩高风险运动或执着于赚很多钱等。这些也是不去深入感受、表面上切断焦虑感的方法。对这些，我们称为"强迫障碍"。

- 有些人会沉迷于一些观念，诸如"我的伴侣欺骗我"，或"我有一种医生都无法诊断出来的严重的疾病"，并且他们会不停地去确认自己的恐惧。而有些执念却似乎更常见，例如强迫性地经常洗手或多次确认是否关了灯，因为"如果我不这么做，可能会有不好的事情发生"。对于这些情况，我们称为"强迫症"。

- 另外一些常见的抚平焦虑的方式是割伤自己（非常严重的患者）、烧伤自己或以其他方式伤害自己。与很多人的想法不同，这不是一种引起别人关注的手段。当自我伤害的时候，他们能够通过肉体上的伤痛来缓解情感上的痛苦，以至于在某些情况下可以完全掩盖心理上的痛苦。

我可能会有羞愧感或罪恶感以及失眠和慢性不适等症状，

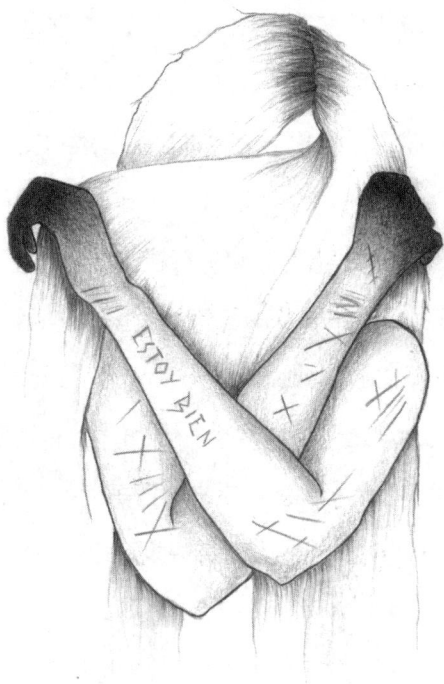

在很多情况中，自我伤害，无论是何种类型，不是引起别人关注的手段，而是为了获得某种形式的舒适感，即使是暂时的。我们献身于长期目标以便能够存活于当下，而这每天都愈加困难。

而我不想承受它，所以我将寻求一切手段来排除这些感受（如果你注意的话会发现，所有我解释过的都属于排除机制）。然后过了一段时间后，我将有两个问题：我的症状以及我尝试缓解这些症状而采取的措施。

这并不是说偶尔喝一杯葡萄酒、慢跑或吃一片药是不好的行为……我试图强调的是，如果强迫性地去做这些事情是为了排除不适，才是患上了心理障碍，这可能导致被带去看心理医生和精神科医生。

事实上，有许多疾病是情感调节机制，更简单地说，是为了不去感受焦虑。当我们的大脑做了什么，它会趋向于重复。

因为正如我们所见，大脑分为两部分功能：一部分是认知功能，告诉我应该做什么；另一部分告诉我应该尽快去做什么。当这两部分产生分歧时，情感或冲动总会占上风。

这些症状或调整机制会被我们称为"自我协调"。有时候，患上心理疾病的人会喜欢这些错误的缓解方法，并且不想改变它们[①]。谁会不喜欢赚许多钱或被称为最优秀的人？但是在这些行为背后，当其行为方式是强迫性的，就隐藏了一个深层次的空虚感。

---

① 有时候它们是可能致死的疾病，比如将在第11章谈到的厌食症或令人无法忍受的人格病，诸如自恋者。

有时候，人们会想要改变这些行为，不想呕吐或不想与一个伤害自己的人在一起。这种情况，我们称为"自我排异"，即我想要改变，但却无能为力。告诉他们没有意志力等同于在辱骂他们，而这是没有必要的，因为他们已经在无时无刻地责骂自己了。

那么现在，你会想：一切都很好，曼纽尔，但是为什么在我的大脑中会产生这种分歧和斗争？到底怎样才能治愈我自己呢？

当我们还是孩子的时候，正如我已经解释过的，即使孩子诞生后获得了一些基本的情感支持能够存活，但是还有大部分情感需要学习，尤其是他们要去适应父母的行为和情感。从出生到青少年，孩子学习情感的优先性都是为了适应周围的环境而生存下去。

这意味着，如我们所见，孩子将发展出一些人格策略以便感觉被关注和接受。但是也会出现恐慌，心理学家将此称为"恐惧症"。

我认为存在一些有形的恐惧症，诸如怕狗、怕高和怕注射器等。

但是也有一些无形的恐惧。这是对不能看见的事物的惧怕，而这和人与人之间的关系有关联，尤其是那些对我们来说非常重要的人。

### 不同的年龄有不同的威胁和疾病

也许，1 岁孩童的最大恐惧就是他的母亲留下他独自待一分钟，而青少年最大的恐惧是他的母亲连一分钟也不肯让他独自待着。

• 不同的年龄有不同的资源来应对威胁。所以当我们幼小的时候，更依赖于其他人（这在疾病引起依赖需要时也会发生）。

• 不同的年龄会面对不同类型的威胁。对于一个小孩子，其威胁是父母无法照料他；对于一个青少年，其威胁是没有朋友；而对于一个成年人，其威胁是没有工作。

• 根据年龄和人的成熟程度，其解决方案是不同的。这也取决于可用的内部和外部资源。

• 当威胁越大，其所选择的解决办法就会越激烈。

在人的一生中有三个至关重要的生理分叉口，虽然也有很多环境因素，例如事故、疾病、利益或至亲的离开。这些分岔口决定了我们如何面对这个世界。

它们是：童年（0～6岁）、青少年（12～19岁）和成年初始阶段（19～24岁）。

首先是童年时期。大部分童年时期的心理疾病是行为化和焦虑化的。这是一种心理上的调节机制，以便适应外部环境。

比如注意力缺陷障碍（多动症），在很多情况下，是孩子为了忍受不确定性和焦虑而发展出的一种策略。也可能发生躯体化的（肚子或头痛）和非常奇怪的恐惧症（害怕暴风雨或独自睡觉）。

同时，他们在家或在学校的行为也可能出现问题。

然后是青少年时期。随着身体和思维的变化，青少年时期出现的大部分疾病将来可能持续一生。大脑一旦做出过反应，便会一直如此运作，它会一直重复直到人最终因此而崩溃。

这个阶段，大约从12岁到20岁，是开始有性意识和使用物质来提供调节机制的时期。同时，童年时期开始的执迷和强迫也会加强。

最后是成年初始阶段。在成年后（大约从20岁开始），人们的优先性是建立自己的家庭。在这个阶段，其在青少年时期学习到的东西也会被巩固，所以如果根基不牢，整个大厦都会摇晃。

　　这就好像以先天不足的情况去面对人生挑战，很多人都会出局。很多患有回避型人格障碍和精神分裂的病人（尤其是男性），他们整日打电子游戏或酗酒，抑或两件事同时做。

　　在此阶段会出现另一些非常隐蔽的疾病，例如惊恐发作、强迫症或饮食失调症。生活要求很高，需要很多努力。如果我们把精力浪费在生存上，我们反而会无法生存。

　　心理学家通常会要求病人向我们提出"需求"，告诉我们他们认为应该改变的东西。如果来的是孩子、青少年，我们经常会被提出两个甚至三个需求。

　　在我看来，令人感到奇怪的是这些需求和问题是不相对应的。很多时候，他们的需求是：我很孤单或我很焦虑；我不敢去街上；我自己没什么，是我的父母很讨厌；我想减肥；我睡得不好；我在恋爱上的运气很差；我有滥用的习惯……而我，慢慢地引导他们重新提出正确的需要。

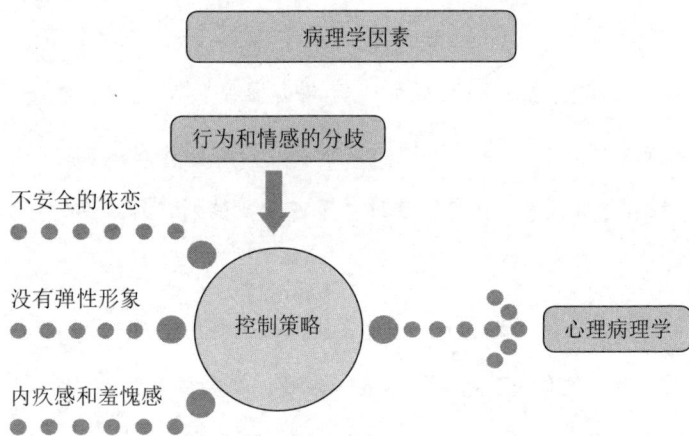

随着我们逐渐成长和成熟，我们会寻找行为或情感策略来带给
自己控制感。但是如果这些策略是不适当的，将会导致心理疾病。

　　问题是，为了带着这些问题生活，或为了改变它们，你正
在做着什么事？这时候我们会发现，人们做的很多事情都在导
致问题进一步恶化。对此，心理学家称为"无效的尝试"。

　　接下来就是"你什么时候学会这么做或你什么时候开始
这么做"。这时我们会发现，这些行为产生效果或使人产生适
应性。

　　大部分时候，人们不知道他们什么时候开始做或为什么要
做某件事，但在我的帮助下他们开始寻找根源。当人们成功发
现原因后，就可以开始改变，开始恢复对生活的控制。

当人们经历了某种创伤后，会出现一种精神障碍，我们称之为"创伤后应激障碍"。在这些情况中，人们发生生理上的变化，并且经常去做一些事情来排除不适。有些症状是隐性的，但会一直存在于那里，且以渐进、持续的方式存在。对此，其解决方案也是一样的。

"我如何才能帮助你呢？"

"我很焦虑。"

"你指的是什么呢？焦虑对于你来说意味着什么？"

"我很害怕当我在从事机械师，或以某种方式引起关注的时候，别人会询问我什么。我总是很紧张，不停流汗，最近我很痛苦，痛苦到我觉得自己不应该承受这些。"

"你害怕这个世界或害怕某个人吗？"

"现在我害怕一切。我一直很害羞，我感觉羞愧。在我和一个伙伴产生了问题后，情况更糟了。他自己做错了一件事，却怪罪于我。我没有辩解，沉默不语。从那天起，我就每况愈下。"

"好的。请闭上眼睛。我想要你回到过去，回到你第一次感觉到那些不适并体会到羞愧的时候。告诉我你最先想到什么？"

"我记得我 8 岁的时候，在学校里，班里的一个同学嘲笑我。我的耳朵很大，所以那个小孩就一直嘲笑我的耳朵，并且给我起了一个绰号，叫作'小飞象'。"

"你把这件事告诉老师或你的父母了吗？"

"我想没有。对此，我也感到羞愧。"

"现在我们来做一个练习。我将要求你重新闭上眼睛，想象你是内心的那个孩子，但是带着你现在的知觉。你可以叫住嘲笑你的孩子或者嘲笑他，做你认为的能够帮助你内心那个孩子的事情。现在，发生了什么？"

"这对我来说很难，但是我对他说不要再嘲笑别人了。"

"很好，如果明天你还是感到焦虑和羞愧，你就对你心里的那个恐慌的孩子说话，这样他就会镇静下来。你对他说你来负责解决这个问题。然后告诉我情况如何。"


帮助人们探查焦虑和反思自己时，获得的结果非常不可思议。焦虑不是外界带来的感受，而是大脑发出的危险信号，帮助我们寻找造成焦虑的源头。这会提供一种控制感和可预测性，这是很有治疗效果的。我们赋予人们权利，并教给他们重新控制生活的工具。

　　有时候，我们当下的感受是对很久之前发生的事情的反馈。但是，我们察觉到的当下感受，也给我们提供了机会去学习管理它。我们应当以带着当下感受的成年人的身份去体会，而不是带着我们第一次经历它时（通常是生命的头几年）的情绪。

## 结论

在心理学上，我们经常把疾病和症状混淆。治疗师知道什么是健康的或正常的，并帮助患者达到正常水平。

每个人都是自己生活历史的幸存者。知道这个历史并帮助你了解它，可以为你改变现实生活中的有害因素提供"工具"。这些变化通常意味着来自患者或其周围环境的阻力，因为我们所有人都倾向于重复做某事，即使它们不起作用，或者我们只是感到舒适。正如我的祖母所说：知道得少比不知道要好……

对于我来说，治疗上的帮助，即帮助患者找到一个新的、更健康的平衡，使患者不会伤害自己或他人。对此，有必要合理地认识自己，并且考虑我们的行为如何影响他人。

第六章

为什么我爱的人会伤害我?

很久之前，一位患者问我：

"为什么我爱的人会伤害我？"

"因为我们爱他，所以他会在情感上伤害到我们。人类的思维没有准备好承受本该保护和照料我们的人给我们带来的伤害。"

"真糟糕。"

"是的，因为没有他们，我们就无法生活。"

这个多年前向我提出的问题，一直萦绕在我的脑海中。当我开始研究所有与亲密关系有关的主题时，我发现答案看似简单，但事实上却很复杂。

于是，我提出这样一个悖论，即最爱我们的人也会对我们造成极大的伤害。很多情况中，带着最好的意图，我们却获得了最坏的结果。

　　大部分父母都有着良好的意愿,希望把最好的东西给予孩子。孩子也是这样。但是,我们都知道有时候常常事与愿违,那些我们爱的人会伤害我们。

　　在上图中,出现了一个女孩,她的一半是正常的,另一半是有创伤的。母亲的手盖住了她的嘴巴。这可能意味着保护或压迫,有时候二者同时存在。

　　孩子的大脑只能做一件事——分裂。这就是我们知道的分离。

　　这有时候是因为缺乏情感调节，比如有些母亲为了保护孩子，而从不让他独自做任何事情；有些母亲对于孩子对正确和错误的认知十分严格（近乎强迫）。

　　有时，我们的逻辑是错误的。例如，我们为了让孩子学习某个东西，或强迫他学习超出适当范围的东西，忘记了让孩子快乐地学习的重要性，甚至采用粗暴的手段。其他时候，当情绪加强时，我们会冲动并失去控制。当我们恢复理智时，为时已晚，对孩子的伤害已成定局。

　　像所有哺乳动物一样，人类需要照顾才能生存。当我们还是婴儿时，如果没有人照顾我们，我们将很快死亡。而爬行动物和许多无脊椎动物却不是这样，它们会产卵，幼崽从一出生就具有自主生存能力。

　　动物可以在青春期开始独立生活，在此之前，与提供保护和安全的其他动物接触是生存的关键。作为人类，我们将与我们的照料者保持长期关系。我们需要父母帮助我们照看孩子。所以，我们与家人的关系几乎将持续一生。这种接触是人类成功进化的关键。

　　正是在这些关系中，我们构筑了所谓的"依恋创伤"，即在童年时期学到的适应家庭环境的行为或情感，但这些行为或情感有些是有益的、健康的，有些是有害的、病态的。

　　无论你多大，心里都一直住着一个孩子，他需要被关爱、赋予价值和提供支持。

　　当我们成年后，这个内心的孩子会再次显现在一个健康的伴侣、子女或父母面前。

　　但是，从小不知道爱为何物的人将变成"情感的执迷者"，他们将终其一生苦苦追寻爱的真谛，甚至愿意为此付出任何代价。

孩子和他的母亲（或父亲）之间的关系以循环的方式进行。一个人不对另一个人采取行动是不可能的。让我们想象以下两种不同的情况：

• 第一种情况，孩子开始哭泣，母亲到来并使他平静下来。他放松，过了一会儿他们可以一起玩。

• 第二种情况，孩子哭了，母亲不高兴（由于当前的情况或其性格），开始对孩子大喊让他闭嘴。而孩子对此感到恐惧，更加大声地叫喊，此时母亲精疲力尽，不知道如何使他平静。

第一种情况是相互调节情绪的理想情况。而在第二种情况中，两者都没有被调节并受到了伤害。他们会继续在一起，但是一方会伤害另一方。

根据DSM-V（美国精神疾病诊断标准），在成年期没有依恋障碍。事实上从科学角度讲，对于我们在咨询中见到的病人，要确定其童年期、青少年时期和成年后出现的许多障碍之间的直接关联是很困难的。但是，我不断地发现生命的最初几年与之后发生的事之间存在关联。

原因很简单，我们在人生最开始的4年里学习了80%的情感，后来学到的一切都将被这些影响。

帕布洛每天都遭受严重的惊恐发作，他是急诊中心的常客，在那儿，他一遍又一遍地被告知患有焦虑症。起初，他用药后有所改善，但后来用药也不再对他有帮助。他告诉我，他的精神病医生称他是"抗药性病例"。


"帕布洛，我该如何帮助你？"

"我经常感到惊恐，我不能继续这样生活。我的惊恐随时都可能发作，我的生活已变成地狱。我越来越害怕做事，例如无法在高速公路上开车，不能乘坐公共汽车、火车或飞机，因为我害怕我会遭受袭击。最近，我一直害怕独自出门。我有一种感觉，我会发疯的。"

"我想这些症状将非常令人不快，你感到快要窒息了，心脏跳动非常快，你还感到头晕，觉得自己会死于心脏病发作。"

"是这样的。我非常害怕。"

"你知道发生了什么吗？当你呼吸速度很快时，肺部就没有时间收集足够的氧气来提供给身体的器官。而此时，心脏为了让氧气快速到达所有器官，会跳动得更快。氧气不会及时到达大脑，因此你会感到头晕。"

"是的，这些我都知道。我去找一位心理学家，他向我解释了所有这一切，并教我如何呼吸，但这完全没有帮助我。"

"我明白。现在同我讲讲你自己、你的家人、你的父母、你的工作……"

孩子将会根据抚养者的行为和情感来调节自己的行为和情感。如果一切顺利，这就像是一种舞蹈，孩子和成人将相互适应，他们将在行为、情感和语言等方面进行协调。

如果出了问题，那么无法调节自己的父亲也将无法教孩子去调节自己。我将举几个例子，说明抚养者所做的事情与其口头信息不符。

• 卡洛斯要去见他的祖父并拿一个礼物。他在桌子上看到了礼物，他跑向祖父。祖父生气了，说道："给我一个吻，你必须向我表示你爱我。"然后，祖父告诉孩子的母亲他不理解为什么孩子和他不亲密。

• 玛尔塔的父亲用皮带抽打她，并对她说："我打你时，我比你感到更加痛苦。"现在他病了,她想去看他,但她不能忍受看到他脆弱的样子。

- "没有人会像我一样爱你。"

- 当孩子要进行毕业旅行时,母亲哭着对孩子说:"不要忘了,当你只身在外时,我会想念你。"

- 老师担心迪亚戈不喜欢和同学一起旅行。他很伤心,想回家。

- "玛丽亚,我非常爱你,比任何人都爱,但我没想到会从你那儿得到这些笔记。你永远不会是一个好人。"

- 生气的母亲在一个星期内不跟孩子讲话。

如果抚养者过分疏忽,例如忽略孩子、不鼓励孩子、不同孩子玩耍、不照顾生病的孩子等,孩子的副交感神经系统将过度激活,他将无法以恰当的方法学习,无法达到正常发育所必需的心理功能。孤儿院的儿童常常出现这种情况。

如果在孩子痛苦时以打斗、尖叫、虐待和疏忽等形式使其交感神经系统过度激活,儿童将长期处于斗争和防御的心理状态。

副交感神经系统过度激活与交感神经系统过度激活，同样具有创伤性，两者同样令人痛苦。如果两个神经系统同时被激活，那么我们将经历创伤性分离。

孩子会对所发生的事情保持情感和身体上的记忆，以防止将来自己再次有相同的感受，也就是避免痛苦、恐惧和焦虑。

这将在躯体和情感层面上以不同的方式被记录下来，例如罪恶感（害怕不够出色）、羞耻（害怕不够有价值）、活动过度（我需要保持警惕）、活动不足（害怕做某事并受到批评）等，身体总是记得伤害我们的东西。

如果一个人在儿童时期，自主神经系统的分支没有得到适当的调节，他将永远无法具备情绪上调节自己的能力。尽管这可以在青春期通过合适的朋友，以及在成年期通过治疗和体育活动等进行纠正。

但是在许多情况下，为了忍受这种恐惧，人们可能诉诸食物、痴迷某人或某物、冒险活动、极限运动或有害的亲密关系，这将导致更大的失衡循环和调节的失败。

孩子想要探索这个世界，却不知道会有什么危险（一个插头、一瓶漂白剂、一块会烫伤他的铁)。他需要抚养者来保护他, 也就是说, 他在探索和安全性之间应该获得一种平衡, 因为"依恋"不是感情, 而是提供安全。当有真正的危险时, 它会使孩子感到安全或恐惧。

让我们看一个孩子发生自行车事故后, 他的母亲可能做出的四种反应。

第一种反应: 孩子回家后, 肘部流血, 哭泣着。母亲使他平静下来, 告诉他不要紧。母亲帮他清理伤口, 用创可贴保护伤口, 并鼓励他重新出去和朋友一起玩。

第二种反应: 孩子回家后, 肘部流血, 哭泣着。母亲正忙于照看小弟弟和做饭, 没有时间理会他, 让他自己去洗手间清理伤口。

第三种反应: 孩子回家后, 肘部流血, 哭泣着。母亲非常害怕和担心, 以至于吓到了孩子。她犹豫是否必须去看医生, 并最终决定为伤口消毒, 但禁止孩子再次骑自行车。

第四种反应: 孩子回家后, 肘部流血, 哭泣着。母亲变得非常紧张, 无法控制自己, 朝孩子脸上甩蛋糕, 边责骂孩子边清理伤口, 最后让他离开, 以及警告他如果再次摔倒, 她会真的很生气。

孩子发生的情况是一样的, 但是母亲的反应是不同的。下次孩子感到危险时，他将根据自己过去的经历来评估该做什么，也就是说，他将按照被教导的方式去看世界。

这四种反应都会造成不同类型的依恋关系，以及与其他人产生关系的不同关联方式。

在第一种情况中，母亲照顾孩子，使孩子平静下来并鼓励他继续玩耍。这个孩子将会了解到，当处境糟糕时，他可以依靠别人，周围的人是安全感的来源，而不是危险。他将告诉自己，世界是可预测的，并且可以信任他人。孩子将有安全的依恋关系。

在第二种情况中，孩子害怕地回家，发现那里没人照顾他，遇到问题时他不能信任别人。他已经吸取了教训，并且已经知道下次他不能指望别人，只能依靠自己。这个孩子会有回避型依恋关系。

在第三种情况中，与发生的事情相比，孩子更害怕母亲的反应，下次他遇到问题时，他可能决定隐藏它，以免使得母亲担心，甚至他可能不再玩耍。这就是我们所称的"焦虑型依恋"。

在第四种情况中，孩子无法计算母亲的反应，这不仅不是支持和照顾的象征，而且是恐惧和危险的根源。在这种情况下，我们称为"无序的依恋关系"。

父母的照顾方式和保护方式将决定孩子如何看待世界和感受世界，父母依恋关系的类型将决定孩子依恋关系的类型。首先是父母和亲戚，然后是成年后的伴侣。

父母并不完美（我是两个女儿的父亲，而我离完美还很远），如果父母没有在情感上进行调节，孩子们将找不到能使人平静和幸福的形象。

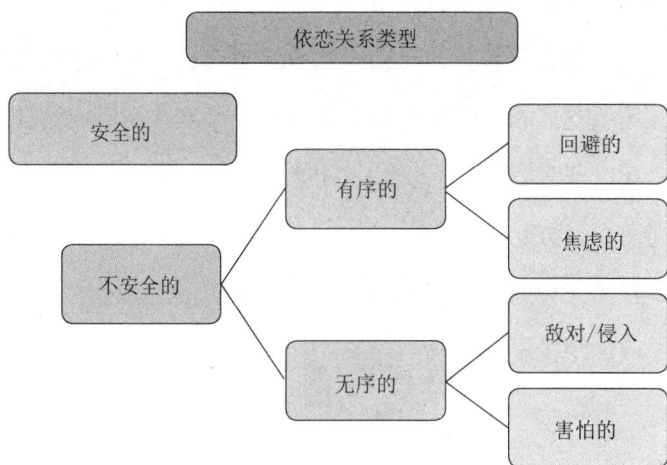

孩子和其抚养者之间的关系我们称为"依恋关系"。

让我们回到前述的四个例子。

在第一种例子中，具有安全依恋关系的孩子将习得这个世界是可预测的。

当他遇到问题时，他可以向其他人求助来解决问题。他将使用一种深思熟虑的、平和的语言来和他人交流。

在第二种例子中，具有回避型依恋关系的男孩可能会走向两条道路。

第一条是不依据自己的喜好行事，而依据其他人对他的期待行事。

他将成为模范小孩，刻苦学习、遵纪守法。但是，他所付出的代价就是无法表达自己的需要，因为害怕被拒绝。

父母因为照料其他兄弟姐妹而忽视自己，对于这样的孩子来说，这是很典型的症状，孩子可能会陷入恐慌或忧郁。

第二条路是产生对其他人的抗拒性，不和任何人产生联系，以避免受到伤害。

在第三种例子中，这个孩子具有的是焦虑型依恋关系。他将有两种发展方向。

孩子比成年人感受到更多的东西,他们的整个世界是感性和
情绪化的。青少年时期的大脑还没有发育完全,无法拥有抽象的思
维。不理解孩子的需要就会给他带来创伤,导致他在孤单和恐惧中
生活。

一种是他将学会克制自己的行为方式,以便不使父母担
心。他将无法愉快地玩耍,也不能和其他人产生额外的关系,
因为害怕伤害其所爱的人。对此,他付出的代价是他将对不让

他探索世界的人产生愤怒，并且他在成年后会发现自己没有谋生自立的能力。

在当今社会，这种情况多在"啃老族"（既不工作也不学习的年轻人）身上会看到，因为被过度保护，他们无法学习自立。

另外一个发展方向是，这些孩子将永久地远离他们的抚养者，因为他必须在自我的心理平衡和其所爱之人不受伤害之间做出选择。虽然他会离开，但是他会带着强烈的罪过感。

这种选择在男孩身上更常见，因为在哺乳动物族群中，青年雄性会选择离开族群并建立自己的家庭，而雌性则倾向于留在母亲身边。

在第四种情况中，依恋关系是无序的，这也是一种极端的情况。

在此情况中，应该提供照顾和支持的人变成了恐惧甚至虐待的象征。这里包含所有严重的虐待，诸如棒打、父母在孩子面前打架等。

孩子的头脑无法忍受如此的不确定，"我喜欢我爸爸，但是他对我不好"，此时孩子的思维会产生分裂。他无法恰当地进行情绪调节，因此在微不足道的小事面前也会产生恐慌和警觉的反应。他们将不能信任任何人或盲目地相信不该相信的人。

他们的语言和行为也是混乱和无头绪的。他们不能集中注意力、不能学习，会产生注意力方面的问题，或带有强迫性的行为，可能会转而去伤害和虐待别人，或者完全禁锢自己，并且任由其他孩子欺负。

人们经常问我依恋关系方面的创伤能否被治好。我的回答总是一样的："不能，但是我们可以学习带着它们生活下去。"正如许多疾病一样，例如腹泻，我们可能时而患病，但是这不妨碍我们带着它生活，并且拥有一个美好的人生。

正如所有的疾病那样，有些人的症状可能从轻微转变为严重到医生也无能为力。生命头几年的伤害总会在那里，但是我们可以应用它们来使我们变得更好，尤其是帮助我们所爱的人。

人类具有很强的自愈能力。尽管有一个艰难的童年，但仍有很多人克服了这个困难，成了健康的人（我们称为"获得了安全的依恋"）。

推理很简单，想象一下有人遭受了依恋关系的创伤，并且这种创伤从一代传给了另一代。假设这个人有三个孩子，每个孩子都有三个孩子，依此类推。几个世纪以后，地球上将没有人会是健康的。但事实上，这是不会发生的。

　　通过在成人时期建立健康的关系，努力反省和信任他人，可以治愈创伤。这并不意味着它们不会伤害我们，而是我们拥有了保护自己和前进的工具。

## 结论

约翰·鲍尔比是"依恋理论之父",他对依恋理论的描述是:"依恋是一种深远而持久的情感纽带,它通过时空将一个人与另一个人联系起来。"

依恋是我们与其他人建立的关系。这种关系中最重要的部分发生在儿童时期,与我们的照料者有关。在那时,我们了解到世界是值得信赖的还是危险的,可以期望爱还是要抗拒它,我们具有价值还是只能被鄙视。

这些学习将成为我们生命的一部分,并调节夫妻感情、友谊、工作,以及我们成为父母后与子女之间的关系。

第二篇

# 人类的标志

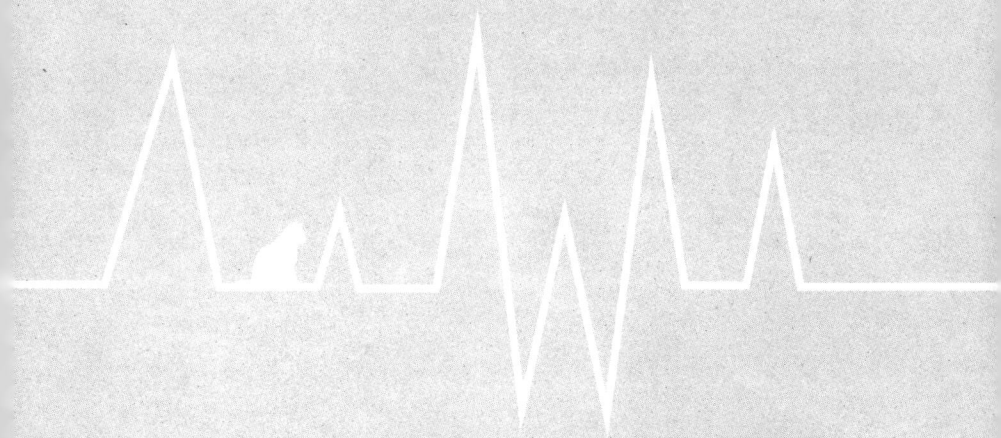

第七章

越试图控制，越失去控制

初次见到患者的那一刻，总会有些神奇的混乱瞬间。对于某些患者来说，第一次求助于人，便去找心理学家，而非去找其他类型的专业人员。

而另一些患者则绝望地生活，并将寻求帮助作为最后的选择。对于很多人来说，去找心理学家而非自愈，都意味着自己疯了，是一件很难堪的事。

对于作为治疗师的我来说，前几次治疗是最困难的。认识和理解一个新患者可能会令人精疲力尽。每当一个新病人来问诊，就好像要把散落在桌子上的拼图碎片重新组成一幅完整的画一样。

对许多人而言，去找心理学家通常是最后一项不得已的选择，尤其是还要花不少钱（对许多人而言非常重要），因为也别无他法了。其他一些人则是因为有人向他们推荐了心理学家。

在治疗中，幽默感是一个很重要的东西，因为如果你可以笑对一个问题，则可以将问题的影响缩小。因此，当病人同我预约时，我通常会说："心理学家就像资产，如果最后你决定来看我，我肯定能给你一些东西。"

第一次认识胡安时，我觉得他是个很有自信的人，穿着体面，很有教养（甚至有些过分客气），显然是那种坚强自主的人。当你第一次看见他时，你甚至会怀疑自己有足够的能力去帮助他。

问诊的第一个问题几乎总是："我该如何帮助你？"

"我来是因为精神病专家推荐我来的，他对我说我需要心理学上的帮助。请不要介意，但是我本人并不相信心理学。"

"啊，太好了！因为我也不相信。"

胡安是一个白手起家的银行首席财务官。他的父亲在小镇上经营着一个杂货店，他是三个兄弟姐妹中最小的一个，父母几乎无力抚养他们。他一直是班级里最出色的学生，他的杰出成就是靠自己不停地努力换来的。

"我父亲清楚地告诉我：'除非你拿奖学金学习，否则我无法供你读书，那样你就只能待在镇里和你的兄弟一起工作。'"

他以经济学的优等生成绩毕业。为了支付大学学费、学生公寓住宿费、书本费和少量啤酒钱，他曾在暑假做过救生员。这就是所谓的白手起家。心理学家称之为"强制性自给自足"。他们不信任任何人，他们从很小的时候就已经知道生活不会赠予他们任何东西，他们必须自己努力去获取（我非常了解他们，因为我也是其中之一）。

"胡安，告诉我是什么促使你去看精神病医生的？"

"几个月前，我的母亲在医院去世了，从那时起我便一直没有精神。我睡得不好，没有胃口，情绪低落。最让我担忧的是，我的工作效率下降了。我想请假，但是我对待在家里不做任何事情感到恐惧。另外，我非常害怕，如果这样做，我的银行会把我扔在街上，那我的家人会怎么办？现在，我的女儿要去大学读书，如果不能付她大学的学费，我永远也不会原谅自己。"

"换句话说，如果我的理解正确，你母亲的死使你陷入了严重的沮丧，并且我猜想，你能来找我是因为药物治疗对你没有任何改善。这种感觉是一种未结束的悼念，它有自己的恢复时间，你感觉不舒服是正常的。"

"我的母亲和我从未发生情感联结，她对我不亲昵，我对她也是如此。另外，她已经病了很长时间了，我知道死是迟早的，这对我影响不大。一定是别的东西，但是我不明白是什么，我失去了对生活的控制，我变成了一个我自己都不认识的人。我想不通这一切……"

他开始哭泣。当一个人哭泣的时候，你通常能做什么呢？展示同情还是安静地让他独自待着？你要尝试安慰他吗？

我的选择是第二个，让他独自发泄情绪。

"对不起。"

"不需要对我说'对不起'，拿着。你知道我们心理学家在办公室总是备着一盒面巾纸，这是职业常态。"

"问题是我不明白我发生了什么,这很令人恐慌,我从未想过这会发生在我身上。我感觉自己似乎不是自己了,我不认识我自己了。"

我认为,人们感到以各种方式对自己的生活失去了控制,是他们来进行心理咨询的主要原因,也几乎是唯一的原因。他们感觉自己的行为已经不受控制。

这些患者分为两大类:

一类是那些觉得自己从未对生活有控制感的人。自从童年以来,这种感觉就以各种方式伴随着他们。他们意识到自己经历了可怕的童年,或者发生了使他们终生难忘的创伤性事件(大多数时候是虐待,包括身体上和心理上的虐待)。

另一类人认为生活中发生了一些事情,并对他们造成了影响。他们觉得自己以前的生活是很"正常的"(我不太喜欢这个词),但是随后有些事情破坏了它。这就是我们所说的创伤后应激障碍。他们觉得发生了某件事后他们就不是从前的自己了,他们无法认出现在的自己。在大多数情况下,这种创伤超出了他们心理忍受的程度,并导致神经系统崩溃。

尽管在这起事件之前，人生中已经发生了很多创伤事件，而这件事就像压死骆驼的最后一根稻草。

与他人不同会造成强烈的耻辱感，他会对自己的缺陷感到非常痛苦。这种感觉可能是由家人、朋友、同学或工作中的同事引起的。当这些感觉出现时，它们就会伴随强烈的不适感，从而导致人们害怕失去控制。

人们会通过许多方式去尝试减弱这种感觉，主要是成瘾症。他们可能会沉迷于食物或酒精等。痴迷的人会执迷于他们的思维。

尼采说，世界被分为阿波罗人与狄奥尼索斯人。[①]

第一类是类似于阿波罗神的人，他们是正确的、智慧的，是文化爱好者，他们热爱他们接触和理解到的一切。阿波罗人是逻辑爱好者，如果他们不了解某些东西，那么它们就是不存在的。他们通常具有回避型依恋关系。

狄奥尼索斯人是生活乐趣的爱好者，是"活在当下"的追随者，是本能的和享乐的。他们对知识不感兴趣，因为他们生活在情感中。他们一般具有焦虑型的依恋关系，他们对感官世界感兴趣，他们对数据感到不舒服。他们需要情感上的协调。

对于像胡安这样的阿波罗型患者，有必要使用大量的心理学、神经生物学等科学术语，越多越好。

这些患者需要在智力上欣赏治疗师。如果他不佩服我，也就是说，如果他不觉得我拥有控制力，就无法治疗。


"我将向你解释我们的大脑如何运作，或许这会帮助你更好地理解现在在你身上发生的事情，你觉得如何？"

"是，很好。我上网浏览过你的网站，我读过其

---

① 典出尼采的著作《悲剧的诞生》。在这部著作中，尼采用日神阿波罗和酒神狄奥尼索斯的象征说明了艺术的起源、本质、功用以及人生的意义。

他患者的意见，并且知道你还写了一本书。我想在把自己交到你手里之前更好地认识你。"

　　人类是大自然的一种动物。包括我们在内的所有脊椎动物都有大脑。我们的大脑就像人体其他器官一样，已经进化了数百万年。

　　当一个器官基于一个较旧的器官进化时，这就是所谓的"扩展适应①"，这就是我们的大脑一直在进化的过程。这意味着在数百万年的时间里，爬虫类动物的大脑一直在增加新的器官，从而形成了我们和其他哺乳动物的更复杂的大脑（我们称之为"边缘系统②"或"感性脑"），最后它被添加了灵长类动物的大脑皮层，而且我们人类的脑皮层更加发达。

　　也就是说，在我们每个人的大脑中，我们将具有三个不同的层，分别属于我们进化史的不同阶段。这三层大脑就像是一块三层蛋糕，它们彼此之间一直在相互补充。

---

　　① 扩展适应：古生物学名词，即曾经行使过某种功能的结构，在进入一个新生境后，又被用于另一个不同功能的现象。

　　② 边缘系统：高等脊椎动物中枢神经系统中由古皮层、旧皮层演化成的大脑组织，以及和这些组织有密切联系的神经结构和核团的总称。

　　结果是人类同时具有与爬行动物相同的大脑功能，与某些哺乳动物的行为和情感相似的大脑功能，以及我们独有的功能——语言，这项功能使我们成为人类。

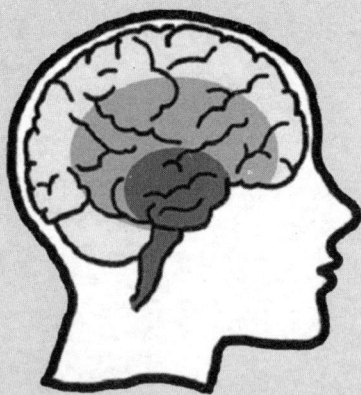

　　第一层：爬行动物的大脑。主要由称为"下丘脑"的器官组成，该器官就像船上的机械工程师。在这一点上，我们与所有脊椎动物相同。它是调节身体基本功能（睡眠、消化和生殖等）的器官。也就是说，帮助我们的身体正常运转并能够生存。

　　不仅如此，它还调节从大脑到不同器官的激素的合成，或发出指令以便负责的器官自行合成。例如，睾丸产生睾丸激素或胰腺产生胰岛素。产生什么激素和在哪里产生，由下丘脑决定。

第二层：边缘系统或哺乳动物的大脑。大脑的这一部分与情绪、愤怒、爱、欲望和育儿等有关。母牛或母狼会照顾自己的后代，喂养它们并用生命保护幼崽以免它们受到伤害。大脑的这一部分也是使我们成为社会性动物的原因。海龟在海滩上产卵并抛弃它们。它不照顾子女，没有对子女的爱或者照顾幼子的需要。因为海龟不具有大脑的第二层。

组成它的主要器官是：

• 杏仁核。它控制与有趣有关的事情，和使我们感到恐惧的事物以及进取精神有关。

• 海马体。它与情感记忆有关，特别是那些具有烙印的记忆。

• 蓝斑核。当存在恐惧或警觉情况时，是脑中合成去甲肾上腺素的主要部位。

• 伏隔核。多巴胺是在这里合成的，它使我们兴奋起来并有目标。

• 中缝核。其主要功能是产生5-羟色胺。该递质与暴力、愤怒、冒险、攻击行为有关。

● 岛叶。将焦虑或喜悦的信号传递到身体，让我们的身体感受到情绪。

第三层：脑皮层。它是我们与某些灵长类动物独有的大脑部分，但是其他灵长类动物的脑皮层都不像人类的脑皮层这样大和发达。脑皮层管理着逻辑、正确性、社会规范、文化和行为方式……

前两个大脑部分体现的是动物的本能，脑皮层就是我们作为智人的特征，语言是其主要特征。随后，通过演变，出现了工具的使用或社会规范产生。

我们可以说，人类是一种能够与自己交谈（并进行反思），能够以非常复杂和精心的方式与他人交流的动物。人类还能够非常有效地向同伴和后代传授知识。

如果一切正常，人类将不会有任何疾病，我们是幸福的，而且我们将永远不会相互斗争（或者与自己斗争），但是事实并非如此。

就像我们在工厂里雇用了一批高技能的工人一样，当他们协同工作并和睦相处时，工作效率会非常高，但是当出现问题或分歧时，他们开始以不协调和草率的方式工作，并导致工厂倒闭。

我们并非总是以合乎逻辑的方式行事，我们无缘无故地生气，我们爱上了明知不适合我们的人，我们害怕其实并非有害的事情。这常常使我们无缘无故地感到难受，增加了我们的不适感。

但是此外，如果我们从上方看，大脑会分为两个部分或两个半球。右半球从出生就开始发展，专门处理情感问题；左半球则是在出生的一年后开始发展，它与语言和抽象思维息息相关。

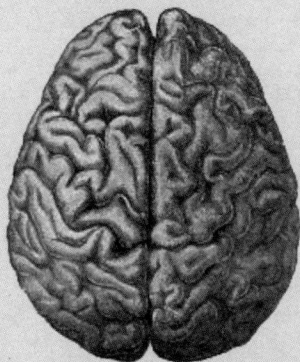

"你试图告诉我，是我的大脑正在失控，也就是说，它想做什么就做什么。我感觉糟糕，但是我不知道为什么。"

"是的，有什么东西使你产生了警觉或恐惧，使得你的感性脑开始发出信号，告诉你应该完全警觉起来，因此你不能睡觉，惴惴不安。我们的感性大脑不能区别真正的危险（比如一头狮子）和想象出来的危险（比如可能会丢掉工作）。除了你母亲的去世，这些天在你身上还发生了什么事情让你感到担忧呢？"

"我工作上很不顺心，我同你说了，我对事情一无所知。有一天我们在开一个会，而我的嘴巴像是被锁住了，我无法讲话，然后我必须离开，这种事情在我身上从未发生过。"

"你看，你的大脑察觉到了危险，并向你的身体发出警告信号，比如焦虑、出汗、心动过速、胸痛、全身不适、窒息感……"

"是的，这感觉很难受。"

"我知道，我有时候也会这样。随着你一遍又一遍地思虑自己的问题，你的思想激活了感性大脑中的恐惧。你建立了一个恶性循环，不断引起自己的焦虑症状和警觉，当然，这不是自愿的。我们将进行一次催眠或深度放松……"

催眠是一种非常有用的治疗方法，在我的治疗中经常被使用。

它是使用特殊技巧，帮助患者达到深层放松，让他们仅关注我的声音。这样可以防止他们与自己的消极想法联系起来。通过放松大脑的意识部分，可以探查情感性的大脑并加入更具适应性的情绪、美好未来的图像，或者仅仅是使人放松几分钟。

电视剧和戏剧让催眠广为人知。事实上，催眠是让病人重拾控制感的一种非常重要的诊疗手段，可以使病人深深地放松。

催眠治疗可能持续 1 ～ 30 分钟，具体取决于每个人的目标和需求。

"怎么样？你现在感觉如何？"

"很好，就好像我服用了一片抗焦虑药一样，我已经很久没有这么良好的感觉了。"

"我所做的唯一的事就是帮助你停止思考，因此你的感性大脑能够停止感知危险，并将皮质醇（应激激素）发送到血液中。"

"我可以在家做这个吗？"

"可以，我把它录了下来，我会发送给你。互联网上有成千上万个示例，如果你喜欢，也可以下载其他课程。现在，我将教你如何面对可怕的情况。"

"在催眠中，我记得你让我想象我正面临着令我恐惧的情况，例如开会、向我的同事下令和必须做出决定。"

"是这样。我在催眠中做了一个虚构的展示，但是我希望你能在感觉自己已经准备好时，独自面对现实中的这些情况。我必须帮助你恢复舒适区。你将要去办公室面对可怕的情况，以逐渐恢复对生活的控制。现在，你越是与恐惧做斗争，就越会失去控制。明天我希望你能告诉我，没有真正的恐惧，一切都是你的想象。练习瑜伽或进行一些柔和的运动会帮助你感觉更好，尤其是与朋友一起做时。"

在过去的 40000 年中，人类的大脑并没有发生太大变化。所以，新石器时代的人类害怕草原上的狮子；现在生活在城市中的人们，会害怕武装暴力的控制。尽管一部分大脑知道这两种事物在逻辑上是不相同的，但另一部分大

我们都知道什么对我们有好处，却无法做出本应该正确的事情。我们通过牺牲长期利益来寻求短期的满意，即使我们明知这么做会后悔。好像我们心里有个跷跷板，在奖励与恐惧之间摇摆。

脑将以相同的方式做出反应以避免危险。换句话说，当生存受到威胁时（有危险、压力大，或出现引起感情强烈波动的事物时），我们的边缘系统（感性脑）将获得控制权，而我们大脑的认知部分将处于从属地位，直到危险消失。危险越大，我们的逻辑和控制能力就越小。

只有在危险过去之后，我们才会重新考虑并采取符合逻辑的行动。这是了解以下两个基本事情的基础：

每当出现强烈的紧张情绪（可能是危险或恋爱中）时，大脑最原始的部分都会获得控制权，这与本能有关。

男人和女人的大脑具有解剖学差异，所以，我们会产生不同数量的激素，这使得我们拥有不同的行为、情感和愿望。在男性身上，由雄性激素（睾丸激素）主导，而女性则是雌性激素（催产素、催乳素等）。这些激素从我们尚在母体的子宫里时，就决定我们的性别以及出生后的行为、伴侣的选择等。

通过这项简单的工作，许多患者可以在几个疗程中得到改善。不是创造了奇迹，而是他们的要求（给心理学家提出的问题）非常简单。

与病人的需求有关的情况主要有三种。

第一种：简单而连贯的需求，可以在几次治疗中轻松解决。通常，新发生的创伤或未完成的悼念等，只需要短期治疗，或者使用 EMDR① 技术就可以轻松解决。

第二种，表面看似简单，但背后的问题非常复杂的需求。当患者患有饮食失调、物质使用问题（根据患者的情况要求适量使用）或严重焦虑时，通常会发生这种情况。稍做治疗后，可以发现背后有与依恋关系有关的疾病，但是患者不想承认或轻视其重要性。

---

① EMDR：英文全称是 Eye Movement Desensitization and Reprocessing，即眼动脱敏与再处理，通过眼球运动对创伤进行再处理。

在这些情况中，应该要求患者明白他所咨询的问题比他最初认为的要严重得多，并且告知患者治疗时间可能很长。

第三种，表面和背后的问题都很严重的需求。患者和亲属都知道他有严重的症状，例如严重的食物问题、成瘾、严重的强迫症、自残、重度抑郁或企图自杀，这些通常可以诊断为边缘性人格障碍或反社会型人格障碍。

在这些情况中，患者已经看过许多心理学家和精神病医生，并且治疗时间通常非常长（长达数年）。其源头通常是对严重虐待或家庭功能失调的忽视，或发生在有被抛弃、被虐待经历的被领养儿童身上。

我经常在第一次问诊时被问道："这可以治愈吗？会进行几次治疗？我的状况什么时候能改善？"这些是合理的问题，但我永远不知道如何给出确切的答案。正如我喜欢对患者所说的，心理学是主观性的领域。

失去控制感是所有动物的噩梦之一，人类也不例外。在20世纪70年代，人们对狗进行了实验，将它们放置在无法逃避电击的情况下，也就是说，它们失去了控制感。几天后，这些狗变得沮丧并停止了战斗。研究人员发现了抑郁症产生的机制。

还记得我之前解释的内容与依恋有何关系吗？在儿童时期，我们学习到世界是可靠的或是危险的。如果孩子受到过度

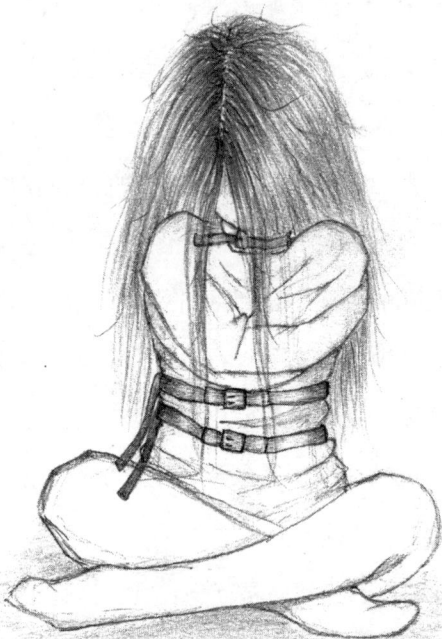

患有边缘性人格障碍的人会感觉被自己的疯狂所困，是自己情感和感觉的俘虏。

保护或遭受忽视，甚至被虐待，其情绪系统将无法正常发展。

这可能造成两种倾向。

- 第一种：情绪系统过度活跃。这些人常常行为冲动。他们抓牢并试图控制他人以感到安全，这就是我们所谓的焦虑型依恋。

- 第二种：认知和控制系统过度激活。这些人已经学会了不信任他人，他们的行为是刻板和僵化的。他们总是试图控制自己的情绪，但正如我们所见，这却常常使他们失去控制。

孩子从其抚养者那里学习以便具有控制感，但这需要具备几个条件。

• 确定哪些行为是正确的，哪些行为是错误的。父母必须保持言行一致。

• 必须长期保持连贯性。朝令夕改是没有用的。父母必须是可以预见的。

• 所有人之间必须保持平等。规则不能对任何人例外。

• 环境变化，儿童成长。每个年龄段都有自己的风险和需求，父母必须适应它们。远远低于能力的任务使孩子无聊，而远远高于能力的任务又给孩子压力。

• 不要使儿童处于会引起恐惧或严重不适的环境中。

当我们失去控制感时，就会产生非常常见的情绪——愤怒，这种情绪可以表现为无助、沮丧、愤怒等。

这种愤怒可以向内或向外两个方向传播，不论哪种方向，都将消耗我们的能量。因为这种愤怒的目的是激发学习，并帮助下次更好地解决问题。当这种不适感过度发生（伴随着恐惧），会出现无法控制的感觉。根据愤怒发泄的方向，可以出现两种不同的人格。

- 向内发泄（抑制愤怒）：孩子会知道最好不要表达需求，因为这是无用的。

可能是以下两种完全不同的原因导致了向内发泄。

第一种原因：当孩子表达愤怒时，父母会责骂和压制他，在某些情况下使用威胁甚至暴力。（我并不是说不应责骂孩子，而是应依据过失和年龄来适当惩罚孩子。）

第二种原因：这个孩子因害怕成为负担或使人厌烦，而无法表达自己的需求。当父母感到沮丧或患病，将自己的需求置于孩子的需求之上时，这是很常见的。

- 向外发泄（表现出愤怒）：孩子已经学会了不相信父母所说的话。父母并不是一个值得信赖的安全基础。

他们将尝试操纵他人来控制自己的情绪。他们可以通过两种不同的方式执行此操作。

第一种方式：显示自己拥有很多明显的安全性，并与他们可以控制和操纵的人产生关联。

第二种方式：装作自己无助，使别人感到内疚，以此作为一种操纵形式。

随着时间的推移，这些情况会不断重复，逐渐成为人格的一部分，并使孩子的自尊心和自信心低落，然后在青春期成为问题。

对所有动物来说，具有控制感都是必需的。它使我们的行为可以预测，知道如果我做某事，我将得到某个具体的结果。失去控制意味着会陷入抑郁状态。

但是有些人需要控制一切，这是另一种病态，因为他们永远都无法放松，一切都使他们生气和愤怒，与他们生活在一起变得非常困难。

## 结论

　　我认为，所有来找我的患者都在努力认知，他们在知道什么是正确的、可以做什么、情绪允许他们做什么之间陷入挣扎。这种斗争会引起焦虑症，以及与之相关的所有疾病。

　　知道我们的大脑如何工作，学习自己或在他人的帮助下调节大脑，找到平静与安宁，是心理健康的基础。如果过分强调控制一切，我们将变得僵化，就像自动机器一样，我们将缺乏灵活性。但是，如果我们不控制自己的情绪，我们将无法实现中期目标，会感到自己沉浸在混乱中。

　　正如尼采所说：人类的所有极端情况都属于精神病的领域。

**第八章**

我会患上强迫症吗?
答案充满疑惑

心理学家与手机没有直接的爱与恨。对于我来说，工作电话和私人电话是同一个号码，而且没有专门的人为我接听电话，这可能导致我在休息时接到工作电话。

这个电话也许只是一个初次咨询的人，他显然想找出答案，但是我已经不停地工作了 10 个小时，现在只想看看一堵空白的墙。我通常要与这样的人交谈 10 分钟，最后他们说"谢谢，我会考虑的"。

对于已经来过的患者而言，情况则有所不同。他们从不打扰我，如果有疑问或想澄清某些问题，他们会写信给我。

我必须说，在我多年的临床实践中，没有人不尊重我，每个人都问我何时可以交流，并且遵守时间上的约定。

但是有一通电话我永远也不会忘记。

这是一个叫佛朗西斯卡的女士，她在晚上 9 点给我打来电话，询问关于催眠治疗的事。

她已经去过其他治疗中心，但是治疗使得她的情况更加糟糕。我问她发生了什么，于是有了下面的对话。


"前段时间，我的儿子开始酗酒，并且睡在我不敢想象的地方。有一天他脏兮兮地回到家，脱去外套挂在门后，他对我说：'我要去洗澡，我觉得我被沾染了臭虫。'"

"那么，问题是什么呢？"

"我的家里被臭虫沾染了，我们必须对整个家进行消毒。但是，事情还没有结束，在那之后我患上了对臭虫的恐惧症。"

"佛朗西斯卡，我们所有人都害怕臭虫。就像是蟑螂，没有人喜欢它们出现在家里。"

"我知道，但是我不能停止思考我家里是否还留有臭虫。我从格拉纳达搬到了特雷莫里诺斯的一间公寓里，但还是强迫性地思考这个问题。我不能去看望我的朋友，不能触摸我的孩子们，我害怕沾染给他们或被他们沾染。我不能去任何地方，因为害怕臭虫，害怕沾染。"

"我认为应该有东西能够避免你被沾染或沾染其

他人。"

"是的，我每天洗好几遍衣服，我在网络上查过，最好是把衣服冰冻起来，然后再放到太阳底下暴晒，这样能更好地杀灭它们。我用非常热的水洗澡，每周对家里进行熏蒸消毒……"

"佛朗西斯卡，你没有恐惧症，你患上了强迫症。"

强迫症或强迫障碍是一种非常隐蔽的疾病，并且比我们认为的更为常发。例如，杰克·尼科尔森在电影《尽善尽美》中扮演了一个痴迷于卫生的男人。

这些人通常会有一些不太明显但非常令人不愉快的小强迫症，例如害怕患上任何医生都无法发现的疾病，无缘无故地嫉妒，必须以确切的次数触摸某些东西以免发生不好的事情，以某种仪式清洁身体等。患有强迫症的人会沉迷于他们的思维。

强迫症是引起焦虑的一种警觉性思维，或是对某事物产生恐惧（尽管焦虑先于强迫症发生）。人们执行某种动作以便获得缓解（强迫），后来怀疑自己做得不好，随后就进入一个他不知道该如何摆脱的恶性循环。

矛盾的是，强迫症起初是一种缓解儿童时期焦虑症的机制，但在短时间内它会引起巨大的焦虑，然后通过强迫性的行为来缓解这种焦虑。由此，解决方案就变成了问题。

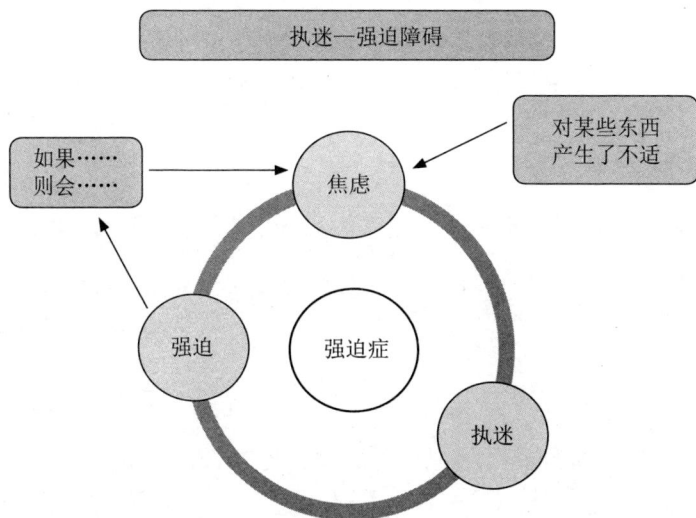

强迫症始于无法忍受的焦虑。这个人变得沉迷于某种事物，并且不停地思考它。然后他执行一个动作，以便确认恐惧不再出现。这可以减轻焦虑几秒钟或几分钟，但随后焦虑感会变得更强，并且进入地狱般的恶性循环。

为什么会这样？怎样使一个受过教育的、有逻辑的人的生活不产生明显的问题，不让他成为思想和执念的奴隶？

让我们再次转向神经生物学。

在大脑中部，处于中间深度的地方有一个器官，它被称为"岛叶"，在拉丁语中意为岛屿。这种器官调节着当发生某种情绪时人体所接收到的感觉。当你看到自己喜欢的人时，你的岛叶将向胃中发出表示喜欢的信号；而当你不喜欢某人或他使你感到害怕时，它将向腹部发出令人不悦的刺痛感。

这与强迫症有什么关系？好吧，因为这些强迫症患者试图使岛叶安静下来，也就是说，他们不想有任何感觉。

在我们很小时，父母责骂我们，或者我们爱的人去世，岛叶就会发出不舒服的信号，这使得孩子想保持沉默，激活了大脑的其他区域，而损害了岛叶。

眶额皮层是眼睛上方的区域，被称为"执行性大脑"，也就是说，它决定了在特定情况下该做什么。但是，如果你因怀疑而反应过度，那么你将全神贯注于解决该问题，而将其他所有问题搁置一旁。

矛盾的是，思考最初会放松杏仁核（调节恐惧的器官），但不断的反省会导致更多的焦虑发生，因此杏仁核会变得更加活跃。此时解决方案反而制造了问题。

例如，如果一个 10 岁的男孩做某事引起了他的恐惧或焦虑，并认为他的父母要骂他，那么杏仁核就会发出警告信号，这些信号会被岛叶接受，从而引起身体的不适感，让孩子感到内疚和沮丧。如果此时他决定检查所有应该带到学校的书是否都放在了背包里，那么这样会使他分散一段时间的注意力，而不去思考前述问题。

当已经发生的事情或其他事情导致的恐惧感重新袭来时，他将怎么办？好吧，他将再次检查背包。此时父母开始担心，因为孩子很奇怪，一直在重复一件事。他再一次将注意力集中在症状，而不是在内疚的问题上。

强迫症会表现出不同的严重程度。有非常严重和失去能力的；也有症状轻微的，比如我们的小癖好。

强迫症有各种类型，比如担心被感染，担心被伴侣欺骗，需要确定很久以前发生的事情……但是它们都有一些共同点：当我的病人还是孩子时，他们会执行一些小的仪式来帮助他们忍受不适。

　　有时我们的思想向我们发送负面消息，告诉我们自己是无价值的，我们将被拒绝，我们不值得被爱，我们是坏人或有罪的。当这些负面信息出现在童年时代，我们感到孤独或被拒绝时，会将这些负面信息内在化。这些负面信息为我们的感觉提供了言语（认知）含义。这些负面消息停留在那里，当我们成年后，每当感到被排斥或恐惧时，这些负面消息就会重现。为了不再有这种感觉，我们会沉迷于与此无关并且没有任何意义的事物。迷恋开始于此，就像防御机制失败一样。

很多时候，这些并不是什么好习惯，比如一遍又一遍地检查某件事。有些人会被困于对恐惧死亡（入睡且不醒来）的思考；有些人想到无限的宇宙外还有什么时，会害怕自己的渺小……这似乎很可笑，但是发生这种情况的孩子会遭受很多痛苦。

强迫症并不总是出现在儿童或青少年时期，很多时候会出现在成年期。由于某些创伤性事件（通常是亲人的死亡），人们发现自己突然陷入了混乱的仪式和迷恋之中，他们知道这是没有道理的，但却无法避免。

正如前文解释过的，这些人肯定在童年时期有过一些具有小规模仪式感的经历，这种仪式感为他们提供了安宁。我将它们称为"迷你强迫症"，它们突然侵入性地出现，与在青春期后期变得非常明显的那些强迫症不同。


罗莎将十几岁的儿子路易斯带到我这里，希望能解决他在学校的行为问题。我问她，在她儿子小的时候，她身为母亲是否生病了，或遇到过什么变故。她告诉我说，她因父亲去世而沮丧了很久。


"同我讲讲你感到抑郁的事吧。"

"我的父亲，就像是我的生命，在路易斯 1 岁时去世了。我感到糟糕透顶，变得整日都担心未付完的汽车贷款。但是事实是，这很荒谬，因为我知道我已经在3年前付清了。我花了整整一天的时间去银行询问并打电话给财务公司，以确保一切都已还清。我花了好几个小时检查账单，我丈夫告诉我要停止，因为我快要疯了。他们带我去看医生，医生给我开了一些药，我的情况才好了点。"

"你父亲的死让你感到内疚吗？"

"我没有同他告别，对此我永远不能原谅我自己。那天我没有去医院，因为我的嫂子告诉我他正在康复，没有必要过去。我那天正在打扫房子，然后他们给我打电话告诉我父亲已经死了，而我却没能看他最后一眼。我无法原谅自己。"

人们可能会采取两种极端的策略，以便消除在家庭中产生的不适或创伤。

1. 过度感觉并过度激活岛叶和皮层下区域，并使思想皮层区域失活。他们是感觉太多（并且很少推理）的人。

2. 过度激活思想和理性区域（皮层），并停用情感或皮层下区域。他们很冷漠，感觉不到身体，并且经常强迫性地行事。

通常会出现两个极端：那些怀疑一切的人（强迫症）和那些只相信一件事并且别人没有办法与其论理的人（他们对工作执着，没有乐趣，只有道德、工作和学习等）。在这两种情况下，强迫思维都是排除感觉的防御机制，是一种对感觉和情绪的封锁。

他们有很多忧虑，受了很多苦，但他们为什么要这么做呢？矛盾的是，这种极端行为在某个时候起作用了。

执着地思考某件事可以帮助他们避免无法忍受的感觉和情绪。要不停地重复做某件事和保持怀疑，以便不感到痛苦，这造成一个恶性循环，而他们不知道该如何逃离。

由于过度激活与思想相关的部分，强迫症患者开始怀疑一切。

尽管我的强迫症患者一直很喜欢我，但起初他们怀疑我没有治疗师的资格，怀疑我的治疗方法，怀疑我所开的药物，甚至怀疑他们自己……这是他们保护自己的方法——怀疑一切以便不感到痛苦。

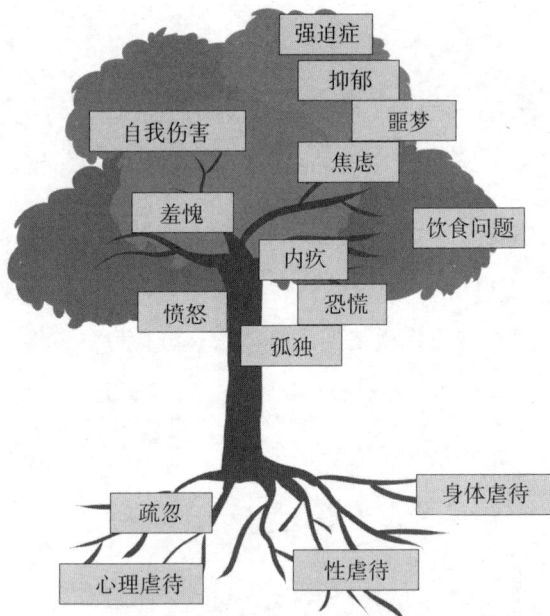

心理障碍就像一棵树，树根是原因（虐待、疏忽），树枝是发生的情绪（愤怒、内疚或羞愧），叶子为抑郁、焦虑等症状。这幅树状思维导图帮助患者了解了自己所发生的事情。

强迫症有很多类型。这些人的特征都是对某事产生恐惧，需要进行某种仪式（思想或行动）以减轻这种恐惧。主要的类型有：

• 洁癖：害怕染上某种无法治愈的疾病，害怕被感染或感染自己所爱的人，需要生活中的一切都保持清洁。

• 嫉妒强迫：害怕伴侣做了什么事让他们陷入困境。

- 外貌强迫：害怕生理或人格的某种特征，使得他们总是同其他人比较自己存在的缺陷。

- 确认强迫：需要确认某物是整齐的，或者确认某件事已经以正确的方式被执行。他们害怕如果做得不好，会发生什么灾难性的后果。

- 需要控制思想：害怕想到某物"被感染了"然后会造成疾病。他们的强迫在于需要用中立或积极的思想来抵消消极的思想。

- 冲动恐惧：这是一种特殊的强迫症，他们很害怕对他人或自己做出无法弥补的事。

"曼纽尔，告诉你这个，我感到很羞愧。"

"如果你不想告诉我，那就算了。"

"不，我知道我必须告诉你，但是我感到很羞愧。事实是，这段时间以来我脑海中一直浮现一个画面，我看到我的孩子们满身是血，好像是我杀死了他们一样。"

"是的，它出现得比我们想象的要频繁得多，而且非常令人不愉快。你是否正在采取一些措施来避免这些图像或排除担心伤害到孩子的恐惧感？"

"就算我自杀，我也不会伤害我的孩子。但是，是的，我正在移走家里的所有刀具，并尽量不靠近它们，以免伤害孩子。"

"嗯。首先，你要做的就是尽力去过正常的生活。其次，你要理解这些想法和图像是在提醒你不要只关心他人，而要多多关心自己。这不容易理解，不过很快你就会明白的。"

我的强迫症病人都有在童年时难以独自入睡的问题。当孩子在晚上害怕时，通常会找父母安抚自己。但是，如果父母无法这么做或拒绝这么做，甚至用批评和责骂孩子这种糟糕的方式，那么孩子的焦虑就会加剧。

思考使杏仁核放松，因此他们反复考虑某件事以便能够入睡。这就是为什么当我们无法入睡时，祖母建议我们数羊或祈祷。在难以入睡时，他们将不适感定位在外部。例如，假想阴影是怪物，或者超自然现象会发生在他们身上，或者玩具娃娃有自己的生活。

强迫症患者在儿童时期就开始感到内疚和羞耻。然后通过某些仪式（有时微不足道，有时非常有害），孩子会感觉到一定的控制感和幸福感。随后，在成年期，大脑会重复一些过去的行为，这些行为曾经被用来调节某种情绪。

所有的孩子都会执行某些仪式，但这不意味着他们会发展成强迫症。例如，踩在白色瓷砖上或在夜间祈祷都是一些无害的仪式。

我们不知道为什么有些人最终患上这种疾病，而另一些人没有患上这种疾病，也许是遗传差异造成了易发性，而这种易发性又因家庭对孩子的控制而被增强。

作为治疗师，我的工作是找到患者害怕（或非常生气）的关键，并帮助他们克服它，而不是继续回避它。催眠或其他技术可以帮助一个人识别焦虑的根源，并学会忍受。

当人们发现焦虑进入体内（并了解其功能以及它来自何处），选择和使用了缓解焦虑的防御机制（就是强迫症）时，他们可以重新获得控制。他们可以去体会感觉，而不需要任何仪式就可以平静下来。恐惧或避免恐惧——做出强迫行为——再次恐惧或避免恐惧，他们要打破这种恶性循环。

为了避免孩子迷恋，最好帮助孩子了解自己的情感和感觉，让孩子能够表达自己的恐惧，让父母了解孩子恐惧的根源并帮助孩子放松。

成年人会尝试了解自己的感觉，并通过某种仪式来使得自己平静，这使他们陷入焦虑和痴迷的恶性循环。此时，大脑试图重复曾经起作用但现在已经病态的运作。

## 结论

　　痴迷是失败的防御机制。在童年时期，它帮助孩子分散了注意力，让他们不感受到恐惧。但是随着时间的流逝，这些人开始沉迷于思考，并对感觉产生恐惧感。

　　患有强迫症的人有强烈的控制欲望，他们需要控制一切。他们饱受焦虑和不适之苦，忍受着使问题更加恶化的各种事物。对这种疾病要做的第一件事就是尝试阻止或减少这种仪式，因为它们会引起更多焦虑。

　　治疗的目的是发现患者想要（或无意识地）避免的真正恐惧，并找寻这种疾病背后的愤怒，而这通常是患者难以表达出来的。我认为，疾病的根源就是这些无法表达的不适。

　　我的经验是，几乎所有强迫症患者都有某种罪过感，而且是在不自知的情况下。这种罪过感不一定是真实的，它可能只是情绪调节的一种形式，一种促使自己感觉到具有控制感的手段。

　　当找到需要执行仪式的原因时，就不再需要这些原因，并且患者的症状会迅速得到改善。这并不是说所有强迫症患者都能被轻松治愈。有些人会一生持续某种不适，但许多人也会完全缓解疾病的症状。

第九章

当爱和性混淆

对我来说，在治疗中最困难的案例就是性侵。它对个人隐私可能会造成极大的伤害，需要心理学家付出巨大的精神力量。我相信，唯一能够真正了解遭受性侵的人是另一个受害者。

因此，我在治疗中的立场是不带评判和可怜的陪伴。可以陪伴并表示同情，但是必须以适当的方式。受害的人对自己的评价很低，他们是自己最糟糕的法官，给自己最坏的判决。他们需要的是安慰，而不是可怜。

绝大多数性侵是由男人犯下的，很少一部分是由女人犯下的。一些男人对成年女性和孩童（包括男孩和女孩）实施出可怕的行为。

与大多数人的设想相反，性侵不都是由陌生人犯下的。这些性侵中有95%是由近亲或熟人实施的。

　　绝大多数的性骚扰或强奸事件都秘而不宣，受害者不会与任何人分享。原因如下：

　　• 不想伤害亲人。一个性侵的受害者告诉我，他没有在家里谈论他被老师性侵的事，因为他父亲病了，他不想让他难受。

　　• 侵犯者是亲近的人，受害者害怕即使说了也没有人相信，或者他不想伤害侵犯他的人。

　　• 受害者羞于启齿，害怕别人知道。或者其家人不想透露，害怕别人议论。这对于被大人侵犯的孩童来说更常见。

　　• 通常，侵犯者会诱骗受害者，并通过恐吓、勒索等方式使其保持沉默。这些条件可能是诱哄式的（"如果他们发现我们的事情，他们会将我们分开"或"我会坐牢"）或直接具有攻击性（"如果有人知道这件事，我就杀了你"）。

　　好像是昨天一样，我仍然记得我收到的一封电子邮件，是一位接近 30 岁的女士发给我的。

　　她告诉我她很绝望，她无法入睡，有惊恐发作和夜间惊惧的症状，最让她感到难过的是，在晚上，她总是感觉有人在靠近她，这使她感到害怕，甚至使她感到恐惧。

> 在患有复杂创伤的人中，这是非常典型的情形，即晚上会有邪恶的或恐怖的存在吓到他们。
>
> 在中世纪，他们被称为"魇鬼"，被认为是在晚上拜访罪人的恶魔。

她在她的第一个孩子出生一年后开始出现这些症状，这使得她的生活陷入了地狱。这些症状明显来自一个复杂的创伤。

有两种因素对童年时代的孩子造成的伤害最大：一个是暴力，另一个是性侵。在大多数情况下，这两种因素是同时发生的。

在第一次咨询中，她将自己的童年定义为非常幸福。但是，任何一位有经验的心理学家都会对她的话存疑，因为，这些严重的症状与她生命中任何相关的创伤事件都不对应。这让我想到了失忆症。

与普遍的看法相反，许多性侵行为一直保持被遗忘的状态，上述案例就是其中的一个。

我的临床经验表明，这通常主要发生在以下三种情况中：

• 当侵犯是由一些自己非常依赖的人实施时。通常是重要的依恋对象，例如亲人。

- 当侵犯伴随着强烈的恐惧和强烈的分离感时。

- 前两种情况共同出现时。

根据美国神经生物学家维兰努亚·拉玛钱德朗的研究，人类的两个大脑半球履行着完全不同的功能。右半球负责情感，左半球负责逻辑解释。

因此，在强烈的情感影响下，大脑的一部分可能会记住发生的事情，而另一部分可能不想记住它。这可以解释为什么这么多性侵发生不久就被遗忘了，直到成年后才被人们记起。

在这里，我必须强调的是，如果不确定，则必须格外小心，不要创造假的记忆或者让患者怀疑存在过性侵。

有许多治疗师会由于不当的职业行为，造成虚假的记忆或是使用不恰当的治疗方法，导致患者产生新的创伤。


罗拉的故事与很多其他患者的故事非常相似。她的母亲未婚意外怀孕，而她的亲生父亲对此漠不关心，这迫使母亲与外祖父母同住，但外祖父母不肯原谅母亲犯下的过错。

几年后，母亲遇到了一个对她很好的男人，而且看上去也很珍爱她。直到罗拉年满 14 岁，都是与母亲、继父同住的。

随后他们分开了，而罗拉搬去了其他小镇。在那里，罗拉遇到一个男孩，他邀请她骑摩托车，并对她进行了侵犯。她对发生的事感到羞耻以及害怕母亲知道，使她成为这个男孩的女朋友。

从那时起，这个男孩对她的长期侵犯行为开始了，直到她离开这里，去其他城市生活和工作。

27 岁时，罗拉在工作中认识了一个对她很好的人，或许是唯一尊敬她的人，然后他们结婚了。他们生了一个孩子，生育后几个月，罗拉开始出现惊恐发作、失眠和恐惧的症状。

对于遭受过性侵的病人，其治疗可以通过以下三种不同的方式开始：

• 他们来时带有严重的分裂和创伤症状，但不记得曾经遭受过性侵（这并不意味着所有患有严重分裂的人都受到了性侵，只是必须排除这种情况）。

• 他们不记得自己曾在童年遭受过性侵，但是他们的记忆回闪带有令人反感的感觉、侵入性图像和噩梦，使他们怀疑可能发生过某些事情，或者他们想起了一些事情，但是他们的大脑把这些事情的重要性降低了。

• 他们详细地记得发生过的事情，但是通过成瘾、进食障碍或强迫症等，尽一切努力不记起它。

当患者认为自己可能已经受到性侵时，必须始终相信他们所说的话，并且在整个治疗过程中，研究性侵是否确实发生过，或者他们是否已经为其他创伤事件赋予了意义。

我通常告诉他们：我不在乎发生了什么，不要总是专注于此，重要的是要知道你过去的感受并帮助你带着它生活。我使用 EMDR（眼动脱敏再处理疗法）和催眠术来治疗这种类型的创伤，例如罗拉的案例。

她的第一步是学会容忍这些记忆的存在，并看到隐藏在它们背后的东西。当然，治疗之前先要赢得她的信任。

治疗性侵患者并不是让患者详细回忆发生过的事情，因为这很可能会导致再次创伤。治疗师的任务是消除与所发生的事情有关的内疚感和羞耻感。

"罗拉，跟我讲讲你童年的一些回忆。那时候你每天是怎么度过的？"

"我妈妈工作辛劳，回来得很晚。我的继父中午把我从学校接回家。"

"你和他相处得好吗？"

"表面上是的。"

"对不起，我不理解。"

"他会陪我做家庭作业，带我去上吉他课，带我去公园玩。我知道他关心我。但是，我记起他时，仍然会有一种恶心的感觉。"

"跟我讲讲这种恶心的感觉。"

"我不知道如何描述这种感觉。他用古龙水，我闻到古龙水的味道时就会想吐。我现在回忆起他都感觉很恶心。"

对被遗忘的性侵事件的探索总是这样开始的：患者会给我一些线索，让我知道我是否准备好了，是否可以相信他的故事。

实际上，大多数儿童以某种方式讲述他们的受害事件时，都会提供线索。是成年人不愿或看不到这些经历。如果患者感觉治疗师不会相信他，没有准备好甚至会害怕，那么治疗就会结束。

"这种感觉你可以忍受吗？你最好对我讲述你的任何感觉，这是很重要的。我是一个很有经验的治疗师，我是可以帮助你的。"

"我会有恶心的感觉和记起许多画面。我不知道是不是我虚构的。"（这句话是在治疗中被重复得最多的一句。）

"对于我来说，任何你感觉到的和想起来的东西都很重要，你可以与我分享。"

"我会想起在我房间里有我和继父拍的照片，影像十分模糊。"

"你在这些影像里看到什么？"

"我在颤抖，我记不清楚了。这让我感觉很羞愧。"

在性侵中我总能找到一些东西。患者有一种感觉：这件事是我引起的，也许我就该被这样对待。感到自己有责任或是应该被侵犯，使患者对所发生的事情具有了一定的控制感，这是孩子的脑海中对如此痛苦的事情做出解释的唯一方法。这可能有几个原因：

• 我喜欢它，然后我引起了它。无论多大年纪，生殖器都准备发出愉悦的感觉，因此重要的是要对患者解释，尽管身体会产生这样的反应，但这不是人本身的喜欢（我对我的病人说，是你的大脑如此反应，不是你）。

• 他那么做的时候，我是喜欢的。孩子会尽一切努力去感受被爱，而对于一个感觉被无视的孩子来说，被倾听和宠爱是这个世界上最重要的事情。在许多情况下，他们甚至因为"被特别对待"而感觉愉快。这会引起青春期的许多惭愧感，因为它增加了这件事是我寻求和引起的感觉。

• 我没有抗拒。面对强烈的恐惧，身体无法动弹，嗓子紧闭。与上面第一个的情况一样，必须解释的是，是神经系统自主地以这种方式做出反应。

• 实施侵犯的人与受害者的关系非常亲密。这就是所谓的背叛创伤。受害的人同时爱和恐惧（或憎恨）侵犯者，而孩子的头脑并没有为这一悖论做好准备。于是，大脑通过忘记这段被侵犯的记忆来解决这个问题。

治疗性侵的基础集中在三个支柱上，适用于所有遭受过性侵的患者，内容如下：

• 忍受不适。这些不适包含恶心、厌恶等感觉。在这里，我们使用身体或躯体工作技术，但始终在患者可以忍受的范围内进行治疗。

• 消除羞耻感。性侵是对人的一种侮辱，是把人当作物体来使用，当作享乐的工具，而不顾其感受。治疗师必须以最大的尊重对待患者。我喜欢讲的一句格言是："侵犯才是应该感到羞耻的人，而你是一个英雄，因为尽管发生了这一切，你挺过来了。"

• 研究与内疚感相关的信念。例如，这是我应得的，是我造成的，当时我很喜欢被这样对待，等等。这些感觉使患者在当时获得了一定的控制感，但是现在危害了患者的健康。

"现在我们来慢慢谈论你看到的画面和你的感觉。你所讲述的一切都将被我认真地倾听，我会判断你能忍受的程度。"

"我很担心是不是我自己在虚构这一切。"

"不用担心。你慢慢讲，你所说的任何话我都会相信的。你最好把心底的话都讲出来。"

"我想起这样的画面：我的继父进入我的房间，脱下我的裤子……"

"很多时候，受到侵犯的人感觉自己理应被这样对待。他们可能会把自己置于危险的境地，以此向自己证明他们当时确实应该被那样对待。对此，我们称为'自我实现的预言'。"


我所述的故事是真实的，与其他许多故事一样。一个忙于工作的母亲，不得不由邻居、祖父、兄弟、朋友或继父来负责照顾女孩（或男孩）。这些人利用孩子的孤独来给孩子一点感情，然后对他们进行性侵，并且利用恐惧、孤独和羞耻的感觉使得秘密被掩盖。

英国钢琴演奏家詹姆斯·罗兹从5岁到10岁一直受到体育馆监管员的性侵。正如他本人在器乐书籍中所说的那样，这一开始让他感到特别，但很快就变成了一场噩梦。随后，直到14岁，他又遭到其他成年人的零星侵犯。这给他带来了自残、自杀未遂和多次入院的可怕后果。据詹姆斯·罗兹说，直到35岁，当他觉得自己已经准备好时，他才说出了这一切。

性侵使人遭受所有类型的负面情绪的困扰，例如厌恶、恐惧、孤独、内疚、羞耻和愤怒……这些情感和感觉将伴随人一生。

在某些情况下，父母会通过孩子的画作、过分活跃的行为，或对其他孩子（对其子女或其他孩子）侵犯，意识到孩子受到过侵犯。如果父母不理会或否认这些侵犯行为，受害者将会再次遭受创伤。因为我们无法忘记，每次发生性侵，都是因为无人在场和无人保护我们。在每一次的性侵中都有疏忽的存在，所以，如果治疗师否认或回避这个事实，他们将再次否认自己有被别人听到和相信的权利。

从来没有病人是直接要求我治疗性侵创伤的。当病人有此需求时，我总是会发现许多漏洞，无法证明性侵是否真实发生过；当我们使用催眠术来寻找它们是否真的发生时，我和病人都会精疲力尽，并且无法得出任何明确的结论。

有时，患者会出现非常严重的症状，并且他们解释说这是因为出现了性侵（在某些情况下，是其他治疗师建立或支持了这些错误的信念）。

人们因失眠、依赖、惊恐发作、焦虑、强迫症、抑郁和饮食问题等症状而来接受咨询。有两种方法来发现问题：一种是直接询问并让患者向我们确认，另一种是让治疗逐步进行。如果确实发生过性侵，当患者准备好时，问题就会显现。

不能将疾病与症状混淆。如果有人发烧，他们会服用退烧药；如果继续发烧，他们会去看医生，以了解是否有任何感染以及感染的来源。

我不明白为什么在心理学上我们坚持要处理症状，而不是处理导致症状的疾病。

在许多情况下我们会发现饮食失调的后面隐藏着性侵的情形。主要有两个原因：

• 因为侵犯是产生在身体上，而受害者因此感到愧疚，所以会在饮食上惩罚自己。

• 变得有魅力可能是危险的，会重新引起受害。因此超重或者女性线条不明显，可能是面对将来的侵犯的一种自我保护措施。

成瘾往往是另一种容忍与侵犯有关的不适和焦虑的方式。我的经验告诉我，受侵犯的男人通常更多地通过酗酒来抵抗愤怒，而女人则使用抗焦虑药来忍受不适。

治疗性侵的最重要的因素是对治疗师的信任，如果没有安全感，那就毫无用处。就像我刚开始所说的那样，不要评判或可怜患者。

对受害者的治疗在于让他们看到这不是他们自己引起的，他们应该得到真正的幸福，尽管有时可能很困难。最重要的是，必须在以下两个主要方面非常小心：

• 不要怀疑患者，也不要不相信他讲述的故事。如果我们不相信患者或回避性侵的话题，我们可能再次给他们造成伤害。如果我们认为自己还没准备好，我们可以找人监督我们或寻求同事的帮助，以便我们度过这个阶段，然后重新继续疗程。

• 不要重新伤害患者。例如，因为话题超出我们的承受能力而中断治疗，强制时间和强迫病人的需要，强迫病人向我们讲述他们不想让别人知道的事情，否认性侵及性侵带来的伤害。

建立了坚实的治疗信任关系后，下一步是应对与性侵有关的内疚和羞愧。事情发生时，患者的年龄越小，与性侵者的关系越亲密，患者感觉到的恐惧感越糟糕（现在或在侵犯期间），则治疗就越困难。专注于事实没有疗效，而且是不健康的，因为我们将冒着重新伤害患者的危险。

当患者最终可以接受那个遭受侵犯的儿童或青少年时，将不再出现这些症状，他们将以健康的方式整合在自己身上所发生的事情。有些人可能终身带着伤痕，但他们会感到极大的放松，他们的生活也可能会比他们想象的要更加正常。

我认为，能够和性侵之痛一起生活的另一个基本要素是寻找支持团体。寻找其他经历相同并克服了困难的人，使得受害者可以分享经验，他们可以坦诚地阐述过程并感到被理解，不必再保持沉默。

毫无疑问，找到这种能够帮助治疗个人受到的极大伤害的社会组织是非常有治疗和康复效果的。我在几个受害者互助协会中担任志愿者，我对他们的勇敢和斗志，尤其是帮助他人具备超越自我的勇气一直感到钦佩。

## 结论

　　性侵是对人类最残酷的攻击，受害者越年轻，和侵犯者的关系越亲近，情感上的伤害就越严重。

　　性侵引起的内疚和羞耻感，破坏了受害者的能力，以及他们对自己和他人的信心。受害者对侵犯者的信任越多，产生的痛苦就越多，因为总会害怕受害。

　　要治疗性侵造成的疾病，需要一名专业的并且获得患者完全认可的治疗师。团体疗法也非常有用。我对性侵患者的建议是，联系互助协会，在那里，患者们将相互给予支持和安慰，还有进行集体治疗的可能性。

**第十章**

当焦虑变成恐惧

　　我们都知道焦虑是什么，因为我们在生活中的某个时候遭受过这种痛苦。这是一种令人非常不愉快的感觉，也是我们咨询心理学家或精神科医生的首要原因。

　　焦虑是大脑觉察到危险时，身体发出的不适感的信号。焦虑感是大脑保持机敏并对危险做出快速反应的捷径。

　　这些感觉在大脑中循环。如果我感到焦虑，恐惧系统就会处于警戒状态；如果有什么吓到我，我的身体会产生焦虑的信号。

　　与动物不同，人类可能害怕真实或虚构的事物（如果我们去超市时发现狮子会怎样）。在这两种情况下，生理上的焦虑反应是相同的。

　　　杏仁核是一种杏仁形的器官。它是大脑的一部分，它决定什么是危险的，什么是无害的，它做出的许多决定是基于过去的经验的。它可能导致恐惧症。

　　杏仁核的问题在于，它可以在真正危险的情况下（例如：车祸、孩子过马路但汽车来了、无法偿还贷款）被激活，但是也可以在危险并未实际发生而仅存在于我们的想象中的情况下被激活。这就是我们所说的"预期性焦虑"。

　　当某件事激活杏仁核时，它会命令肾上腺分泌皮质醇。皮质醇会导致血清素、多巴胺和去甲肾上腺素等降低，进而导致杏仁核更敏感，使人变得更脆弱、更敏感，使人体处于战斗或保卫自己的状态。

　　海马体负责我们的记忆存储。杏仁核与海马体相连，会影响海马体对发生问题记忆的保存。所以，当我们感知到真实或想象虚构的危险时，我们无法集中注意力，则我们将出现记忆和注意力的问题。

　　下丘脑负责调节睡眠、性和饮食等。杏仁核也与下丘脑相连，因此当压力很大时，睡眠、性和饮食等都会受到影响。

　　我们的大脑仅能忍受几个小时或最多几天的压力，我们无法想象，如果我们常年经历恐惧和焦虑，这会给我们的身心带来多大伤害。

当我们与亲人在一起时，杏仁核可以更好地进行主要情感的调节。但是，当今社会让我们生活得越来越孤立，压力的保护因素也在逐渐消失。我不想成为一个警告者，但这应当引起人们的警惕。

当我们面对危险并克服它后，杏仁核就开始认为它的危险性降低了（我们称之为"系统性的脱敏"），但是当我们避免某些事情时，我们的大脑就会想：我避免了恐惧的情况，什么也没发生，那么最好继续避免它，将来我会更加警惕地继续这样做。

直面某些陌生的事物会使我们变得更强大，而躲避它会使我们变得更弱，但是拥有常识是很重要的。如果任务太简单，我们将什么也不必做；而如果任务太困难，我们将再次伤害自己。

有些人经常生活在恐惧中，并因此感到焦虑。我们从外部看不出他们为什么会有这种感觉，他们可能也不知道是什么原因引起了这种不愉快的感觉，但是他们的无意识的（情绪的）思想不断发出并接收危险信号。

有些人遭受的不仅仅是焦虑。在某些时刻，他们感到自己快要死了或要发疯了。他们的心脏跳得非常快，一切都在旋转，他们无法呼吸，感到好像快要窒息了……大多数人最终进入了急诊室，以为自己会心脏病发作，医生给他吃药，并告知他患有焦虑症。

但事实并非如此，他们只是惊恐发作。他们遭受完全失去对身体、思维和生活的控制感。从那时起，他们开始害怕出门，害怕去大面积的或人多的地方，这就是我们所说的"广场恐惧症"。

患者和大多数健康专业人员将焦虑与惊恐发作混淆了，这是两个完全不同的事物。大脑中存在着不同的情感循环，恐慌与重要人物的离开有关，恐惧则与处于危险中的感觉有关。

| 焦虑症的症状 | 恐惧症的症状 |
| --- | --- |
| – 不适<br>– 胸闷<br>– 反省自己<br>– 失眠<br>– 身体上的困扰 | • 即将死亡的感觉<br>• 觉得快疯了<br>• 无法呼吸<br>• 对死亡的非理性恐惧<br>• 害怕独自一人待在家里或独自去某个地方<br>• 害怕惊恐再次发作，而得不到医生或他人的帮助 |

感到不适的人会感到焦虑，患有惊恐发作的人会感到自己的生命处于危险之中或要发疯了。

第一次惊恐发作后，担心它再次发作的恐惧是如此强烈，以致出现焦虑，即"恐惧惊恐"，也就是说担心再次惊恐发作，这使我们害怕那些让我们感到失去控制的地点、情况或人。

可怕的悖论是，正是由于这些人整天观察自己的感觉并控制周围发生的事情，才引发了他们的惊恐发作。

恐惧症有两种类型。

一种是外部因素的恐惧症（外感型）。患者害怕一切让他们感到无法控制的事情，也害怕以前发生过惊恐发作的地方，以及令他们没有安全感的情况。这可能包括从街道到飞机场、火车站、汽车站和远离家乡的地方。

另一种是对内在感觉的恐惧（内感型）。他们是对自己的感觉感到害怕。遭受惊恐发作的人整天观察自己的感觉，例如心跳过快、胸闷、腹部不适，以判断是否会再次发作，而事实是他们自己引起了自己的惊恐发作。

根据《精神疾病统计诊断手册》第五版的解释，惊恐发作是突然出现的强烈恐惧或不适感，在几分钟内达到最大程度，在此期间，在以下症状中将至少出现四种：

- 心悸、心跳或心律加快。

- 出汗。

- 颤抖。

- 呼吸困难或窒息。

- 令人窒息的感觉。

- 胸部疼痛或不适。

- 恶心或腹部不适。

- 感到头晕、站立不稳、恍惚或晕厥。

- 感觉到冷或热。

- 感觉异常（麻木或刺痛感）。

- 虚幻化（不真实感）或非人格化（与自己分离）。

- 害怕失去控制或"发疯"。

- 害怕死亡。

塞尔吉奥所学的专业是经济学，他曾经在银行有一份很好的工作。他的家族经营着一家餐厅，一些外部危机和内部管理失误使整个家族企业陷入困境，即将破产，他的兄弟和父母处于极为复杂的情况下。于是，他决定辞职并接管餐厅，以支持他的家人。

　　"你好，塞尔吉奥，告诉我，我能为你提供什么帮助？"

　　"我快要疯了，我有严重的焦虑，我失去了对生活的控制。我不能开车，我不能独自一人走在街上，我害怕所有事情……我强迫自己去做事，但是有一次我在街上感觉焦虑不安，并感觉自己快要死了，从那时起我就一直害怕一个人出门，我担心我自己有什么问题。我影响着我的妻子和儿子，与其过着这样的生活，不如去死。"

　　"塞尔吉奥，你患上的不是焦虑症，而是恐惧症。焦虑就像感冒一样，而你现在患上的是'肺炎'。告诉我，这一切是如何开始的，第一次发作时是什么情形？"

　　"有一天，由于工作的问题，我经过了相当复杂的一天后才从公司回家。我在高速公路上开车时，开始感觉我的腿在发抖、全身在流汗，然后一切开始旋转，我不得不将汽车停在路边。我一直在发抖（现在想一想就让我感到恐惧）。我费力地给拖车公司打电话。他们从那里把我接走。从那以后我就不能开车了。今天是我的妻子将我带到这里的。但是，是从辅路上走的，因为我一想起要回到高速公路上就会恐慌。我现在快疯了。我从没想过这会发生在我身上。"

"我猜想你正在逐渐减少自己的活动，限制自己的行为，并且避免那些会让自己感觉到失去控制的情况。"

"是这样的。我害怕失去控制，害怕无法控制我周围发生的事情和我脑海中的想法。"

"你请假了吗？"

"没有，我不能。因为业务都仰仗着我。现在，我们在重组员工和处理财务方面的事情。我感到所有事情都落到了我的肩膀上。我尝试过让我的父母和兄弟认识到目前的处境很艰难，但是他们似乎没有意识到。他们同我说最困难的处境已经度过了。我觉得他们根本不知道我们现在的处境有多么复杂。"

"似乎你把公司的整个担子都扛在自己的肩膀上，并且你还觉得你是你妻子和儿子的负担。"

"确实是这样的，我现在的情况对于所有人来说都是负担。"

"你意识到你对你的父母和兄弟感到愤怒吗？因为你付出了努力，他们却似乎不支持你，也不理解你。"

"不，我没有对他们感到愤怒，但是我确实对自己感到愤怒，因为我感到自己很无能。"

正如我之前解释的那样，恐惧症发作是由大脑中引发恐惧的神经回路触发的。它们与儿童时期的情况有关，那时他们应该发生过依赖关系方面的问题。惊恐发作的人已经学会隐藏自己气愤的情绪和掩饰愤怒。

这些情况使他们成为"强迫型照料者"，他们总是在思考别人的需求，而不是自己的需求（这并不意味着他们没有嫉妒或占有欲，如果有，他们会有罪恶感）。

他们最大的恐惧是情感上的分离，不被拜访或不被爱，他们将做出难以想象的努力来防止这种情况的发生。他们感到很多焦虑和不适，但无法表达出来。

可能发生在儿童时期并引起惊恐发作的情况包括：

• 三角关系。这主要指父母与子女之间的结构。平衡的结构可以保证孩子健康成长；不平衡的结构会导致孩子陷身在家庭内，无法发展独立的自我。例如，让孩子参与父母的问题，或强迫他们与父母中的一方站在一起。

• 如果像对待成人那样对待孩子，给他过度的任务和责任，当他并没有为此做好准备时，他将痴迷于完美地执行它们。

• 亲近之人死亡，而孩子没能哀悼，因为不想成为亲人的负担。

当在青春期末期或成年期出现失去亲近之人的情况（死亡、离婚或搬家）或巨大压力的情况时，神经系统将崩溃并引起急性恐惧或惊恐反应，其结果是担心将来惊恐会再次发作，而避免这种情况会增加不适感。惊恐发作的人需要始终有人陪伴，与此同时他们会因为觉得自己是别人的负担而感到不舒服。

惊恐发作的人有我们所说的"复杂创伤"，他们的疾病是由童年时期出现的不适情况引起的。同饮食失调症、强迫症与成瘾症一样，患者对治疗师的信任非常重要。

心理学家的任务是帮助患者表达他们的恐惧和对亲人的愤怒，而不会感到被评判或有罪恶感。

"塞尔吉奥，你的童年是怎样的？发生了什么重要的事情让你遭受到了创伤吗？"

"没有，我的童年很幸福。"

"好的。现在我要求你想象一下，当惊恐发作时是什么感觉。请闭上你的双眼，然后进入惊恐发作的状态。告诉我你哪里感觉不舒服？"

"腹部。"

"好的，非常好。现在请你闭着眼睛回到你第一次有同样感受的时候。让你的思维流动，不要强迫它，然后同我讲述你的所有感觉。"

为了治疗这类患者，必须一只脚放在过去，一只脚放在现在。对他们的治疗，主要是两条线。

第一条：患者害怕置身于令人恐惧的情况。例如乘坐交通工具、离开家或独自去某个地方等。

第二条：患者对于人际关系很严格。我们需要帮助患者对他人的情感和行为产生同情。基本上，他们会害怕这么做，他们害怕变得脆弱、敏感。

我们必须处理在他们儿童时期发生的，与他们的抚养者有关的，令他们感到害怕的某些情况。我们不要忘记，恐惧越大，控制的欲望就越大。应当了解到，对于童年时期的他们，可用的智力资源有限，那些控制会成为他们唯一可行的选择。这样可以帮助他们更好地了解当前出现的症状，并感到自己正在重新获得控制。

为了有效地治疗恐惧症，患者有必要与治疗师建立信任关系。这种类型的患者倾向于对自己和他人隐藏不适和需求。但是，他们对自己感到的任何不理解的陪伴情况都非常敏感。如果他们能够克服表达需求的障碍，尤其是愤怒，那么他们将来就会很好。这就是我们通常所说的"自我肯定"。

遭受创伤的人感到自己陷入了无穷无尽的境地，没有什么可以阻止他们走向堕落。因此，他们感到绝望和恐惧永远也不会结束，感觉它会永远持续下去，直到经常将死亡视为解放。

## 结 论

恐惧症发作是当今非常常见但不被人了解的疾病之一。我经常遇到恐惧症发作多年而从未被诊断出的患者。

这可能是因为人们将焦虑症与恐惧症发作相混淆，而这是两种完全不同的疾病。遭受惊恐发作的人们很多时候表现出多疑，有害怕驾驶汽车的问题，害怕幽闭的地方，害怕待在露天场所，等等。但是，通过提出恰当的问题，很快就能看到，隐藏在背后的是恐惧症发作，以及担心它们会再次发生的恐惧。

恐惧症发作的根源在于害怕"无法控制"，大多数情况下，只要病人知道发生了什么事，就足以改善自己，从而感觉到重新控制了生活。

# 第十一章

食物一直在那里，
并且将一直在那里

　　我有两个女儿，一个20多岁，另一个14岁，她们都很漂亮，就像法国小说家马塞尔·普鲁斯特的小说形容的，我感到"在少女花影下……"。

　　当他们带来一个有饮食失调症的少女时，我女儿的身影浮现在我的脑海。我不禁要问："是什么让这个处于生命中最美好时刻的女孩想要以这种方式毁灭自己，以至于为了更好的自我形象而死？"

　　青春期是一个十字路口，它标志着我们的一生。此时，我们不再是孩子，但我们也还不是成年人，这时我们开始出现性欲，但带着巨大的不安全感，认为我们不会被任何人喜欢。此时，我们以为自己什么都知道，而直到很久以后我们才发现，其实我们几乎一无所知。

　　正如我所说，这个阶段将伴随着产生强烈焦虑感的恐惧。青少年为了在情绪上调节自己，会寻找能够给他带来舒适感的元素，并可能在有或没有仪式的情况下表现出沉迷，以此作为逃避问题的一种方式。例如运动或学习中的过度完美主义、滥交和饮食失调。

我们在童年时期从抚养我们的人身上获得自我身份认同感，知道我们是谁。我们的父母和其他抚养者是我们反思自己的镜子，以了解我们是谁。如果我们看到的图像是拒绝的，那么当我们看着镜子时，我们将拒绝我们看到的图像。

研究显示，在青春期，可以导致寻求食物作为情绪调节因素的痛苦有三种。

- 儿童期身体的失去。身体大小、身材、声音的变化。
- 失去孩子的角色。优先事项和了解世界的方式发生了变化。
- 失去父母与子女之间的关系。家庭关系发生变化，导致家庭环境产生新的平衡。

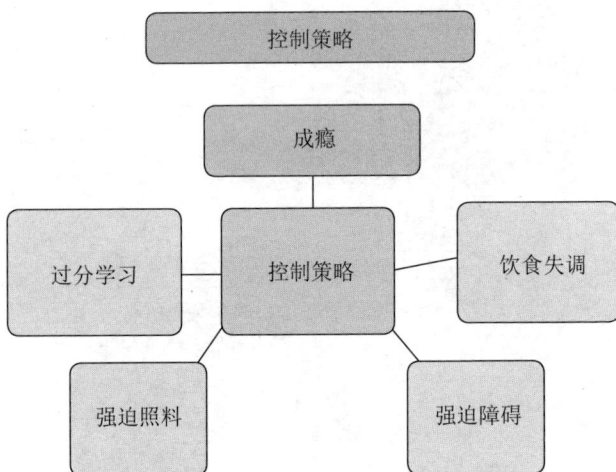

大多数心理疾病都出现在青春期。与家人以外的人交往的不安全感，将使这个年龄段的人寻找能够带来控制感的外部因素。这些外部因素可能是行为上的、物质上的，或是与其他人的关系。

　　根据对食物的用途，我们将讨论不同的疾病。尽管所有这些疾病在其自身方式上都不同，但是它们有一个共同点：

　　• 身体的专制。身体本身成为敌人，成为要与之抗争的人。在这场战争中，无论谁赢了，这个人总是会输。

　　• 迷恋给予他人的形象。他人的视线（会因他人的注视而感到羞耻）将渗透到该人的整个情感库中。

```
无法停止吃东西

厌食症

暴食症

心因性呕吐和惧食症
```

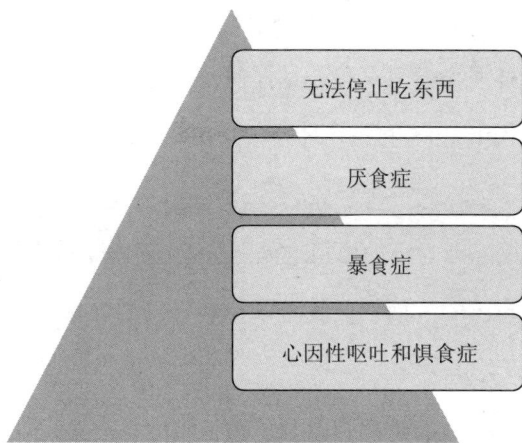

　　饮食失调主要表现为吃得过多或什么也不吃，以及在进食后使用补偿性手段，例如呕吐、服用泻药、运动等。或使用限制性手段，例如厌食症。

## 厌食症

当某人看起来胖（或看到身体的某些部位变形）时，患有厌食症的女孩（几乎都是女性）遭受了我们所说的畸形恐惧症，她们以一种扭曲的方式看待自己的身体。她们可能将自己的生命置于危险甚至死亡的境地。患有这种疾病的女孩中，有20%的人因为不想看到身上有一丁点儿脂肪而让自己死亡。

患有这种疾病的女孩非常听话、好学、聪明……在童年时期，她们被视为模范女孩，是任何父母都期待的子女。但是，在这种遵从和完美的面具后面有一种深深的愤怒和缺乏控制的感觉。

这种愤怒因为害怕被拒绝而无法表现出来，她们感觉"我无法控制自己的生活，但我可以控制自己的身体"，从那一刻起，噩梦开始了。

其他一些时候她们会感到"我一生中无法决定任何事情，所以进食与否是我仅剩的自主权"。

厌食症的初次出现可能是与恋人分手、对父母感到失望、离婚、课堂上的嘲笑或不良的饮食习惯而形成的。任何她们无法控制的情况都可以触发厌食症。

所有的厌食症都开始于节食。她们缺乏自信（羞耻感），这种自卑感存在于体内，必须被消除。一位即将患上厌食症的少年觉得"如果我去除身体里的那些脂肪，我会感觉幸福"。

当我们不吃饭时，我们的大脑会分泌一种被称为"多巴胺"的神经递质，从而激活奖励中心。当饥饿时，人们会变得过度活跃，无法安静下来，并且在许多情况下会感到欣喜若狂、精力充沛和无所不能。因此，厌食症患者不会感到沮丧，她们以自己的方式感到非常幸福。

患有厌食症的人不想停止节食，不想改变饮食习惯或去除减少更多的脂肪的想法，因为她们感觉这样很好，她们不认为这是一个问题。她们感到欣喜若狂。

正常人很难理解，但这就是她们的感觉，愉快地感到能够控制自己的身体，即使这意味着要将自己置于死地。

减肥的需求有时集中在身体的某一部分（腹部、臀部、大腿、腰部）。而也有人根本不想要任何脂肪，并且她们常常会感觉到自己整个身体都变形了。

为了实现她们的目标，她们沉迷于节食或运动。她们可以说自己没有任何问题，因为她们吃得很正常（她们说是"健康的"），但是她们可能在健身房里花几个小时来锻炼身体或服用泻药。

她们将厌食症（和低价值的感觉）隐藏在无休止的仪式中，这也是一种强迫。

患有厌食症的女孩感到非常孤独，她们只有在互联网论坛、治疗诊所和体育馆中，找到和她们一样的女孩，才能得到理解……也可能是她们自己主动与其他女孩分享可以帮助她们实现理想（以及完美）身材的方法。

这些方法包括以下几种。

• 呕吐。这些女孩是排出性厌食症，而且不是暴食症，因为对于她们来说，暴饮暴食可能只是喝了一杯简单的酸奶。

• 服用泻药。这一方法没有留下糟蹋食物的证据，不会引起父母的怀疑，所以被广泛用于减肥。

• 强迫性运动。由于疾病的强度和病人的目标，她们将疾病隐藏在所谓的健康生活或对运动的过度需求之中。

• 限制饮食。这是最常见、最明显的方法。当父母意识到孩子有进食问题时，可能为时已晚，因为她们的人格已经定型。

一个非常重要的预防措施是区分厌食症患者（她们觉得自己的身体变形或肥胖）与非常瘦弱但无法进食的人群。

后者看上去极瘦弱，但这是由于其生理原因而无法增重（在这种情况下，必须进行测试，并且必须排除有甲状腺功能亢进症或其他相关疾病）。

虽然听起来像谎话，但确实有患者已经被诊断出患有厌食症，直到入院治疗，都没有人问她们是否感觉自己肥胖。

有些人患有所谓的"恐惧症"，这是对窒息的恐惧。这些人不想减肥，但由于担心无法呼吸或食道关闭而无法吃固体食物。

这可能与某些窒息发作经历有关，在发作时他们几乎死亡（并因此而产生了恐惧症），或由于焦虑而使得他们的食道不受控制地关闭。

厌食症是一种几乎仅在女性中发生的疾病，而在男性中通常发生所谓的"肌肉情结症"。这是对身体的一种极端崇拜，对运动和拥有强健的肌肉的痴迷。

很难理解为什么有人宁愿死也不愿有几克脂肪。要考虑到患有厌食症或肌肉情结症的人看待自己身体的方式和其他人不同。

## 贪食症

贪食症患者比厌食症患者更容易冲动。这种疾病也从饮食开始，但她们不能忍受必须非常坚强才能忍受的饥饿（厌食症患者知道，当她们超过饥饿的门槛时，奖励就会出现）。

但是患有贪食症的女孩经常无法忍受痛苦，于是开始强迫性进食。有时她们会设定目标，例如，我只吃一片火腿皮。如果再吃一片，她们会感到有缺陷，然后开始暴饮暴食。

她们暴饮暴食（有时甜，有时咸，经常两者兼有）。患者原本是试图禁止自己暴饮暴食的，但限制越大，强迫摄入量越大。

强迫性进食（特别是如果你饿了）会产生催眠状态，使人没有任何感觉，麻木和焦虑感消失。当人们暴饮暴食时，时间停滞了，除了食物，其他都不重要了。

一旦他们感到满足，将开始产生悔恨和内疚，她们脑海中就会出现声音，指责她们令人厌恶和无能。此时，肚子里的食物会变成她们无法忍受的东西，必须排出或呕吐。

在重复发生这种情况之后，她们将沉迷于这种暴饮暴食周期。有时，这种情况甚至持续一生。

在其他时候，食物没有被排出，没有呕吐，则身体会积聚脂肪，直到变得肥胖。

当我们感到满足时，大脑会产生令人愉悦的平静感觉。好像在说："你已经吃过饭了，你很安全，不要离开这个地方。"这就是为什么贪食症患者刚吃饱后往往会感到非常平静和平和，尽管持续的时间很短，并且她们将立即开始沉迷于排出所吃的东西。

呕吐是一种努力，而且会感到不适，但是一旦呕吐，就会再次产生一种深刻的平静感，这让人沉迷。

与厌食症不同，贪食症患者不喜欢自己的处境并试图改变这种状况，但她们感到自己与食物之间仿佛是爱与恨的囚犯，她们不知道该如何逃脱。

判断一个人是否患有贪食症时，一个重要的细节是询问他是否有自发或故意诱发反复呕吐，我们称之为"心因性呕吐"。它通常与焦虑症有关，而与身体形象无关。

## 强制摄入（无呕吐）

超重或肥胖是 21 世纪的流行病。与前述的疾病不同，这种疾病几乎男女都会患上。暴饮暴食有几种类型的人，每个人都有不同的原因和治疗方法。与贪食症患者一样，暴饮暴食涉及甜食或咸食，区别在于他们对所做的事情不会感到内疚，也不会使用极端的减肥方法，例如服用泻药、强迫性运动和呕吐等。

肥胖的人通常在青春期之前就存在饮食失调方面的问题，因为他们很小时就很胖，并且有很多被抑制的愤怒。他们贪食就好像能吞下焦虑一样。

当厌食症患者与疾病斗争时，肥胖者却屈从了。这是因为在童年期和青春期，其照料者完全消除了他们斗争或抗议的企图，于是他们投降，停止照顾自己，放弃自己。

朋友、抚养者、家庭成员的抗议和警告只会加剧失败的感觉，而使得他们更加放任自己。

在某些情况下，当青春期到来时，女孩可以将抑制的愤怒（朝自己）转变为对世界（和其抚养者）的愤怒，并开始患上厌食症。在其他情况下，她们可以做"摆锤"，即从超重到厌食，反之亦然。

在强迫进食者中，我们发现以下几种类型。

• 享乐的食者：他们是在食物中找到真正乐趣的人，天生就是贪吃的。超重是他们为获得饮食带来的愉悦而乐于付出的代价。

• 强迫性贪食：他们暴饮暴食（通常独自地）以缓解焦虑。这些几乎从来都不是偶然的，而是有计划的。他们会准备几个小时，购买食物、隐藏食物、等待所有人入睡等。暴饮暴食后，他们会感到内疚，直到他们重新准备下一次。

● 强迫性吃零食：他们不会一直暴饮暴食，而是一直在少量进食，他们不能停止吃一点东西来缓解焦虑。

● 夜间贪食：他们需要在睡前暴饮暴食才能入睡，或在半夜起床吃饭以缓解焦虑。在某些情况下，他们可能在晚上起床吃东西，而早上忘记了前一天晚上做的事情。

节制是所有成瘾治疗的基础。食物成瘾的细微差别是，人在食用时必须消除伤害他的东西。

没有人可以完全禁食，而我们的要求是他们以健康的方式进食。

这里涉及治疗中最大的困难——易反复发作。饮食和良好的意愿可以维持一段时间，但是要使正常饮食变成暴饮暴食，只需要一些失望或麻烦即可。此时，自怜和强迫进食的恶性循环又开始了。

在所有情况下，受影响的人都会超重，对自己的形象很不满意，尽管有常识、医生和家庭成员的建议，但他们对食物的沉迷使他们无法停止摄入。焦虑使得一切恶化。

在所有情况下，饮食失调的治疗都涉及自尊心。这种疾病的悖论在于，受影响的人与自己的身体不断斗争。他们有时讨厌它，有时忽略它。但是他们总是伤害自己。

食物问题是发达且要求很高的社会产生的结果。生活在这个社会中，人们存在着很多孤独感。我见过很多人以不同的方式通过食物来减轻孤独感，这真是令人难过。

## 结 论

　　食物对于生存至关重要，并时刻围绕着我们的生活。在大多数情况下，饮食是一种社会行为，因此我们对它的使用涉及许多问题。

　　是一个人吃还是和别人一起吃？我们一家人吃饭有趣吗，还是我们都看电视？我吃饭的时候很享受还是仅仅是在履行义务？食物可以是一种娱乐或一种折磨。

　　许多人对食物上瘾（在某种程度上厌食症也是，因为他们的思想全天都围绕着食物），这种"成瘾"使他们无法面对其他问题。他们沉迷于限制，这使他们不断获得成功和胜利的感觉。

　　在饮食失调问题的背后，总会隐藏着一个没有自尊的人，害怕不被接纳，害怕失去控制，害怕被虐待和脆弱。

　　饮食失调问题不同于任何其他疾病，我们不仅要寻找引起的原因，还需要整个家庭更多地参与，因为食物总是和情感联系在一起。

第十二章

愁云笼罩着我的思想

抑郁症和焦虑症是当下最常见的疾病。实际上，它们是"兄弟姐妹"，彼此之间有着紧密的联系。

50 岁以上的人，在自己的一生中或多或少都遭受过抑郁（无论多么轻微）的困扰。更不要说焦虑了，在当今社会，这种疾病可能伴随人的一生。

我们住在房屋中（我们已经不再睡在山洞里），我们在超市买东西（我们不再依赖狩猎），我们可以轻松移动；我们的孩子在生命中的头几年得以生存下去（直到一个世纪前，有 30％ 的儿童在生命的前五年中死亡），我们的预期寿命增加了一倍。

尽管我们在卫生与健康方面取得了很大的进展，但研究发现，在过去的 50 年中，患抑郁症和焦虑症的人数增加了一倍。

为什么抑郁症和焦虑症会成为 21 世纪的流行病？

因为我们缺乏作为人类的最重要的东西——情感以及与他人的联系。我们从未与如此多的人共同近距离地生活在一起，交往也更加容易，但我们也从未像现在这样孤独。

　　我的大女儿在离家 500 公里的地方上学，我每隔一周就去看她。我每天早上 7 点左右起床，带我的小女儿去上学，并且在晚上 9 点半下班回家。我喜欢自己的工作，我有很多患者，还有很多课要上，有很多文章和书籍要写。我的妻子和我一起工作并为我提供帮助，但亲密的时刻很少……

　　很多人都像我一样，尽管被很多人包围着，但总是有一种感觉，就是我们并没有触及所有人。

　　焦虑是指当我们的大脑察觉到某种危险和恐惧时，我们的身体感受到的感觉。这些可能是经常发生的。

　　尽管自然界中的动物只害怕身体上的危险，但人类已经发展出了多种恐惧，而这些恐惧与使动物避免身体上的危险的焦虑都无关。

　　我们感到焦虑，这是一种非常不愉快的感觉，使人无法放松、享受或单纯地与自己保持和平。

　　抑郁是我们大脑精疲力竭的标志，它是一种对所有事情都索然无味的感觉，我们感觉无法控制自己的生活。当我们沮丧时，一切都变得毫无意义，一切都变得灰暗，我们发现自己没有力量，感到疲惫，更糟糕的是没有期望，并感觉到这种状态将永远持续下去。

有多种因素会引起抑郁：

● 艰难的童年往往是成年后抑郁的诱因。这是因为孩子会不断地感到自己无法控制，感到自己不够好，然后感到精神疲惫，从而感到自己什么都做得不够好。

● 自尊心低落也会导致沮丧。这是一个恶性循环，我们会觉得自己无法做成某件事，甚至不尝试，这会导致失败的感觉，再次造成自尊心低下。

● 强烈的情绪震撼（我们称之为"创伤"）也可能导致抑郁。在这种情况下，与现实发生冲突，使我们感到自己比我们想象的要脆弱得多。这些可能来自本人或他人的疾病、事故、被解雇、亲人的死亡等。

● 神经疲劳也可能导致抑郁，这可能是我的患者最难理解的。患者觉得自己不认识自己，说这不是她。这些抑郁症是由疲惫引起的，可以分为两种类型。

第一种：在我努力了很长时间的事情取得成功或失败之后，我感到精疲力尽。大脑因需要消化发生的事情而无法休息，进而导致崩溃。此时，病人需要时间来恢复精力。

第二种：生活使我感觉沉重，长时间不休息令我精神不振。大脑再次崩溃以恢复能量，就好像在说："你继续吧，但我就这样了。"

在 20 世纪 70 年代，美国心理学家马丁·塞利格曼和他的团队对狗进行了实验，改变了心理学的历史。他们将狗放在金属板上的一个封闭空间中，该金属板上会少量放电。

当狗受到电击时，它们可能会越过小栅栏并到达安全地点。但是，塞利格曼把狗跳上的第二块安全板换成会放电的板子。这些狗从一个地方跳到另一个地方，依旧总是遭受电击，一段时间后，它们停止跳跃并停止战斗。

他们称此为"习得性无助"，这是导致抑郁的主要因素之一。无论你做什么都没用，因为结果将是相同的，你感觉失去了控制。

好消息是，有 20％ 的狗仍然不断地跳来跳去，这表明，尽管有逆境，但仍有一些会继续战斗，它们被称为"有弹性的"。那些 80％ 的失去斗志的狗，塞利格曼和他的团队通过教导它们不要害怕、不断地来回跳，帮助它们克服了创伤。

抑郁症患者感觉到的痛苦非常巨大，坐在他们面前时，可以感到患者的姿势就是很沉重的样子，表达绝望和痛苦以外的情感非常困难。即使是经验最丰富的治疗师，面对他们也非常困难，因为它就像一个漩涡，又好像在用刀割开空气一样，将你拖垮，使你精疲力尽。只与他们在一起 1 个小时，我就有如此感受，请想象整日与他们在一起的人的感受。

艾莎是一名 30 岁的女性，结束了一段非常不幸的婚姻后离开了她的祖国摩洛哥。在那里前一次婚姻并没有使她幸福，生活状况让她难以忍受。后来她遇到了一个西班牙人，这可能是在另一个国家与一个新的爱人从头开始的机会……但是，这一切都是要付出代价的。

她第一次来找我咨询时全身穿着黑衣服，个子高挑，眼睛清亮，本该是个很有魅力的女人，但在我前面感觉像是一个只有 30 岁的老人。

"告诉我，艾莎，我该怎么帮你？"

"我不知道，我从未看过心理医生，但是我丈夫告诉我你可以帮助我。他爱我，对我也很好，但是我什么也没有为他做过。我不做卫生，不想出门，不帮他做任何事，我整日哭泣。我知道他会对我厌倦，抛弃我，找一个新的女人。我不值得他爱我。"

"告诉我，最近发生了什么让你受到了伤害的事吗？"

"是的，我来自摩洛哥，我的家人在工作和经济上都不错，但他们很传统。我18岁时嫁给了一个男人，但他一直对我不好，有时甚至会打我。我告诉我的父母，但他们告诉我他是我的丈夫，我理应忍受。在我的国家就是这样的，你理解吗？"

"是的，我知道。多年前，在西班牙也是如此。"

"然后，有一天，我在工作中遇到了现在的丈夫胡安。我从来没有想过有人会好好待我，但他对我很友善。我们谈论了很多工作问题，他总是很有礼貌，他告诉我我做得很好、很聪明。从来没有人对我这样说过，你明白吗？"

"是的。对于你来说，有人这样对待你令你惊讶。"

"是的，一开始我以为他仅仅是客气，但是后来我们一直在一起，聊的也越来越多。有一天我察觉到我一直在想他。我感受到从未有过的感觉，但是无人诉说。有一天他建议我来西班牙，放下其他一切。我决定了，我也这样做了。在家乡我感觉情况很糟，于是我离开了我的家庭，然后来西班牙找胡安。"

"然后呢？"

"一开始很好。我感觉幸福、自由和被爱。但是我的家庭不再和我联系了，无论是我的父母，还是兄弟姐妹或堂兄弟姐妹。我尝试同他们解释说我很幸福，而留在摩洛哥不快乐，但是他们无法理解我，连我的电话也不接了。"

艾莎获得了幸福，但代价是高昂的。她脱离自己的文化和国家，最重要的是原生家庭，这造成了可怕的分离感。一方面使她感觉幸福，另一方面她又感觉深深的不安，这使她陷入了抑郁中。

艾莎身上没有发生任何客观上的坏事，相反，她有一次重新获得幸福的机会。然而，她的整个神经系统表现得仿佛她会随时被能够吞掉她的狮子所包围。人类的恐惧与其他动物的恐惧大不相同。

有两种类型的恐惧：

• 天生的恐惧。我们与它们一起出生，它们与脑干有关。例如，几乎每个人都害怕蛇（实际上绝大多数人并没有被蛇咬，只在电视上看过蛇），我们几乎所有人都遇到过交通问题，而我们却不怕车。天生的恐惧是缺乏依恋或感情，与惊恐或对孤独感的恐惧有关。

- 获得的恐惧。它们与杏仁核有关，并且是习得的。该器官在出生时成熟。我们可能会害怕针头，恐高或怕狗（这是有形的恐惧）。害怕没有人爱我或我不够出色（人际交往问题或无形的恐惧）。

在神经生物学上，恐惧与被称为"去甲肾上腺素"的神经递质有关。如果它的停留时间超过几个小时，我们的大脑就会命令产生皮质醇。这两种物质在与学习和焦虑相关的所有事物中都是必不可少的。

如下图所示，恐惧有三个级别：认知、情感和躯体。如果去甲肾上腺素和皮质醇水平正常（健康的焦虑），则大脑中的海马体将固定该记忆。如果有很低的焦虑感，则该人会感到心不在焉并且无法集中注意力（这是注意力不足）。

相反，如果去甲肾上腺素和皮质醇水平很高，就无法学习，焦虑会非常严重，以至于这个人会受到创伤。患者不会为将来获得任何新资源，只担心焦虑会重复，这是无效的恐惧。所以我想告诉我的患者，治疗是要把创伤变成学习。安全在治疗过程中是必不可少的，如果存在恐惧或不安全感，就不会产生有助于人们改变的学习。

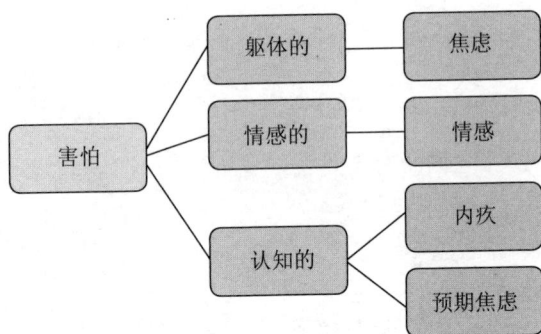

恐惧是一种有很多成分的情绪。所有动物（包括细菌）都会感到恐惧，因此可以根据系统发育遗传和相应的大脑区域在不同的水平上进行感知。

人类通过高度发达的大脑皮质区域，可以预测未发生的事情，并刻意记住已发生的事情。第一种，我称其为"预期的焦虑"，第二种为内疚感。这是其他动物所没有的恐惧。

它的起源是为了能够记住我们做错的事情，以便将来不再重复。也就是说，它使人在错误中学习的能力成倍增长，并获得预知的能力。这对更有效地规划未来非常有用。但是，如果我们做事不当，就会变成焦虑症。

正如我已经解释的那样，最原始的大脑无法将真实的恐惧与想象中的恐惧区分开。因此，当我们为已经发生或可能发生的事情担心时，我们的大脑会不受控制地发出危险信号（好像它正在发生），并首先引起焦虑，随后出现抑郁的生理症状，通常它们同时发生。

应对焦虑和抑郁的方法有多种，但我喜欢那些整合了不同治疗模式的方法。

我采取的步骤是：

首先，判断产生焦虑的事件是真实的还是虚构的。

也就是说，分辨这些症状是否与现在正在发生或最近发生的真实事情相关。

例如，离婚、关系密切的人的死亡、失业或交通事故都可能导致焦虑和沮丧。

如果创伤是最近发生的，我会设法使这个人稳定下来，并为他提供应对所发生的事情的策略。在许多情况下，有必要同时处理症状和创伤事件。

例如，如果患者为了忘记某个创伤事件而喝酒，那么康复将更加困难。

其次，判断最近是否发生某些可以解释当前的悲伤和焦虑症状的事件。判断这个人是否一直是这样的。

在这些情况下，必须找到使他们感到无法控制自己生活的个性模式。

通常，他们总是照顾别人，觉得没有人爱他们或感觉自己是无价值的……发生这种情况时，我会研究这个人童年时期的依恋关系，以及他在何时、何地、如何得知这个世界是如此运作的。

很多时候，出现某些症状是人们前来咨询的原因。尽管某些行为可以帮助患者暂时减轻焦虑，但在中期，它们会成为焦虑和抑郁的另一个来源。这些行为可能是成瘾、强迫症和饮食失调等。

抑郁症可能是最需要患者的动力的疾病，尤其是当人们缺乏动机时。

要摆脱沮丧状态，必须做与症状相反的事情。

• 首先是调节睡眠，这也是最重要的事情。抑郁症患者要么整日睡觉，要么根本不睡觉。

• 进行需要少量体力的运动或活动。

• 注意饮食。

• 享受日光浴，与健康的人相处、聊天，保持忙碌……

这些是实现心理稳定和感觉良好的非常重要的活动。

沮丧是一种无法掌控一切的感觉。患者感到无法控制自己的感觉和行为。

治疗的目的是为了帮助患者感到自己重新控制了自己的生活和周围发生的一切。所以，让患者产生希望和期待的目标是

关于抑郁症是生物学上的还是心理上的疾病，争论有很多。我的观点具有包容性，重要的是我们的大脑如何运作，以及我们如何解读周围的事物。

最基本的。

我们的大脑通过产生血清素和多巴胺达到这一目的。如果希望和期待的目标不是在童年时期就创建的，那么成年后将更难创建。

尽管很难，但是依然可以做到。我们可以做一些精神体操来实现，通过反思、认识自我，努力变得有所期望。有目标和期望是解决抑郁症最好的方法。

## 结论

抑郁症被认为是 21 世纪的流行病，越来越多的病例被诊断出来，并且发病人群趋于年轻化。这与我们今天的生活方式有关：竞争日益激烈，压力和担忧加剧，最重要的是社会支持不断减少。

抑郁通常是由于精疲力竭，以及感觉无法控制我们的生活而引起的。患者感觉做什么都不够好。在其他时候，抑郁症是导致整个大脑系统衰竭的其他疾病的继发性疾病。

治愈抑郁症需要做好两件事：

首先是要恢复控制感。要感到我们的行动是有目的和意义的。为此，重要的是设定可承受的短期目标。

其次是与那些不批判患者且支持患者的人在一起。他们陪伴患者而不抗拒我们，耐心地等待患者康复。

抑郁症几乎是不可避免的，但是我们可以从中学习变得更坚强，而不犯同样的错误。沮丧的对立面不是快乐，而是智慧。

# 第十三章

## 我是谁?
## 连我都不认识自己

　　大约 10 年前我离婚了。对于离婚这件事，我考虑了一段时间，并且是自愿的，但比我想象的要难得多。

　　后来，我的生活发生了很多变化，从长远来看，现在已经好得多，但从短期来看，当时是非常痛苦的。

　　那时我得了抑郁症，我感到难过，时光似乎变得漫长难度，但是最令我头疼的是我无法阅读，而我是一个强迫性的读者。

　　我觉得我不是我了。我的身份、我对自己的感知，都消失了，它被我和朋友都不认识的人所取代。

　　另外，一些好心人对我说："如果你是心理学家，你应该知道如何自愈。"这简直像在伤口上撒盐，让我的压力更大。

　　那种痛苦的经历（同时又如此强烈，并帮助我加深了对自己的了解）使我变得更坚强，现在我知道那已经变成了一个疤痕，但在当时那是一个很疼的伤口。

我知道我的病人就是这种感觉，那些向我求助的人深信自己已经不认识自己，不知道自己是谁。我帮助他们找到自己的身份，或者至少找到一个不会让他们痛苦的身份。

在大多数情况下，他们的不同"自我"之间存在一场争斗，这使他们无法幸福或至少没有安宁。我喜欢对他们说"如果和自己斗争，无论谁赢了，你总是输……"但很多时候，我必须首先帮助他们发现自己。

人类，与其他动物不同，具有意识。这意味着我们可以观察自己，思考和感知他人如何看待自己。人在成长，我们的身体和信念在变化，但是，我们每时每刻都能感觉到存在连续性，感觉到有一个"我"。

人类只能通过他人的视角来创造"自我"，这个"我"建立于生命的最初几年，塑造了我们的身份。

抚养者是孩子的镜子，如果他们害怕或焦虑，孩子会有同样的感觉。如果孩子失去这面镜子，他们就无法找到自我。

美国神经生物学家艾伦·舒尔说，我们不能将孩子的大脑和母亲的大脑说成是分开的东西，它们组成了一个互相调节的器官。

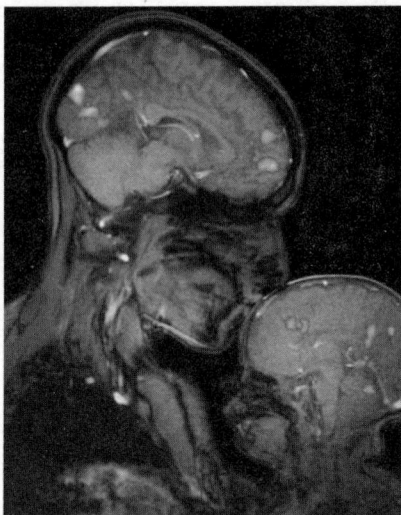

思维化是指任何生物猜测、移情或假设另一个生物的情感记录的能力。

虽然灵长类动物和许多动物都能以有限的方式去思考，但是人类在这方面却优秀很多，因此得以以社会性的方式生存。

婴儿生来便有基本的生存本能，但需要抚养者在营养和情感上进行抚育。

母亲的大脑（主要是眶额皮层）可以帮助孩子调节情绪状态。在这张核磁共振（NMR）的照片中，可以看到，当孩子和母亲在情感上联系在一起时，他们都激活了相同的大脑区域。

正如我在第五章中已经讨论论过的那样，分离性障碍与无序的依恋关系之间有着明显的联系。当抚养者不能保护孩子或其本身成为威胁时，孩子的大脑不能忍受这种压力，就无法调节，从而经常会发生不可挽回的损害。

如果大脑在青少年和成年后处于未配置好的状态，他将无法承受学习、工作或稳定的关系方面的要求。他可以重新学习，但是需要付出巨大的努力，就像要修复已经建好的建筑物的地基。

古希腊哲学家亚里士多德在他的《形而上学》一书中阐述：一切都由两个要素组成，即本质和物质。物质是固有的，它始终保留在描述的对象中，而本质可以随时间变化。

这是什么意思？橡子具有树木的物质，其物质与果实或树木的物质相同。但是它的本质会随着时间而改变，首先是作为果实，然后是芽，接着是像灌木一样的小树，最后是大树。

这些元素使人类无论经过多少时间都将自己视为"我"。我和小时候抓变色龙的那个孩子是同一个人，和那个喜欢读书的少年以及现在写这本书的人也是同一个人。

我的物质是一样的，但我的本质已发生了改变（尽管我想让我的身体处于20多岁的时候）。

这就是心理学家所说的意识流，我的外表发生了变化，但是我感到自己还是一样的我。

发生这种情况是因为我们的大脑半球以平行但协调的方式起作用。右半球（情感的）感知到变化，我感觉与前一段时间的我不一样；左半球（逻辑的）发送信息赋予自我感，我感知到我还是我。这是众所周知的人的一体化。

在患有严重或分离性创伤的人中，这种意识流是不存在的，因为该系统对同一主题会感知不同的感觉与情感，而左半球无法在逻辑上将它们结合起来。结果是患者不知道自己的感受，也不知道自己是否能感受到感觉。

当意识流被破坏，治疗师必须帮助患者整合它，以恢复患者的自我意识。

如果亚里士多德回到今天，他会说遭受严重创伤的人会感到自己的物质已经被破坏（我不知道我到底是谁），并且不认识自己的本质（我是有缺陷的）。

露易莎是一位 26 岁的患者，她感到不适已经很长时间了，因此前来咨询。她对我说，她感觉自己有问题。她有一个 3 岁的儿子，她想为他改变。她担心自己会使孩子受到伤害。

"露易莎，我要给你做一个问卷调查（一个测量分离度的调查表），好吗？你有记忆空白吗？"

"是的，我想是的。我生命中的某些时期是完全空白的。我不记得关于童年的任何事情。我的第一个记忆是我年轻时的一个男朋友，他打了我。"

"你是否曾经感觉过无法控制自己的情绪？"

"是的，这就是为什么我来这儿。我丈夫说我不正常。有一天，我的儿子因为饿了而开始哭泣，而我正在晾晒衣服。我开始变得很沮丧，因为他不让我做完手头的事，随后我就什么都不记得了……接下来，我想起来的是我丈夫告诉我要冷静下来，所有衣服都堆在地板上。我可怜的儿子歇斯底里地哭泣，我不能原谅我的所作所为。"

"你是否有离开自己身体的感觉，或者你看向镜子中的自己而觉得不认识自己了？"

"不，这倒没有。但是镜子里确实有人在看着我。那个黑色的身影让我很害怕。"

"你能告诉我有关这个身影的更多信息吗？"

"不，求求你，我连想一想都会感到害怕。我不能说。"

"好的。不用担心，没事的。你害怕失去控制吗？害怕伤害自己或他人吗？"

"这我还没有告诉任何人。有时我脑海中会出现我儿子死去的画面，因为我把他勒死了。我是一个怪物。但另一方面，我知道我不会伤害他的。有时，当我独自和他在一起时，我会走到窗户前，以防万一有伤害他的冲动，并在伤害他之前跳下去自杀。"（话说到一半，她便开始哭泣。）

"这被称为'冲动恐惧症'，我相信你不会对他造成任何伤害。你是否有听到声音，好像你的内心有人在对你说话？"

"这我也没有告诉任何人，但是我心里确实有些声音。有人告诉我，我是一个很糟糕的人，我一文不值。还有一个哭泣的女孩，是的，一个不停哭泣的女孩。她就是让我不安的那个人。我疯了吗？"

"不，你没有。这就是所谓的创伤性精神分裂。我们的大脑有许多神经元，在我们很小的时候，当发生在我们身上的事情超出了我们的承受范围时，我们非常害怕，这些神经元会在它们之间形成群组。他们创造了几个'迷你的我'，变得独立于你，所以当我们成年时，我们不知道我们是谁。好像在你的内部有几个人一样。"

"是的，那正是我的感觉。"

大脑显然有很多器官，但是我现在想解释的是丘脑。这个器官就像飞机场的控制塔，它监视着体内发生的事情（感觉）和外界发生的事情（通过五感）。

丘脑感知正在发生的事情，并决定将信息发送到哪里。这被称为"丘脑—皮层回路"。

在健康的人中，这些消息会以适当的方式朝不同的方向传播。但是当存在极端恐惧时，大脑会产生"镇静剂"以避免感觉到疼痛。这些"镇静剂"覆盖了丘脑，并干扰丘脑与大脑皮质的通信，从而产生了独立的神经网络。

回到前面关于控制塔的比喻，这就好像我们关掉了控制塔，飞机不知道它们是飞还是降落，混乱就产生了。

患有创伤性精神分裂的人也会发生同样的事情，他们感到自己无法控制自己的情绪或行为，或者他们不知道自己到底是谁。

如果我们无法改变自己的行为，我们就会以某种方式分裂，但是具有严重分裂的人会感到自己的行为和情感脱离了自己的控制。这些人将拥有未整合到自身中的多个神经网络，这些神经网络又分别独立行动。

这可以显示出较温和的症状，例如不记得童年的某些阶段，或者有时感觉无法控制自己的行为，或者更严重的，不记得做过的事情（例如吃东西、画画或购买东西等），忘记发生过的创伤性事件（分离性健忘症）。在极少数非常严重的情况下，我们可以找到具有多重人格的人。

要了解一个人是否患有创伤性分裂，主要参考以下五个指标：

### 1. 分裂性健忘症

它包括突然失去个人身份，可能持续数小时到数天。它是由于极度压力的经历而发生的。例如，在创伤性压力后失调、儿童时期遭受性侵犯、遭受到暴力并且生命处于危险之中、见证了一些令人震惊的事件。

### 2. 身份困惑

对自己是谁感到困惑。例如，当一个人在执行明知对自己有害的活动时，却感到兴奋和积极，就像明知会发生交通事故，却还是鲁莽驾驶一样。

有分裂症的人对时间的感觉与正常人对时间的感觉完全不同。有时他们感到自己不记得自己完整的人生阶段，而有些人则无法停止回忆。

### 3. 身份变更

这是一种与我的另一部分截然不同的感觉。它可能与患者看待世界的方式发生了变化有关。例如，在一次讨论过程中，患者可能最初会感到年轻、脆弱和害怕，然后突然转变为敌对和残酷的状态。

### 4. 虚化

这是一种感到世界是不真实的感觉。有人解释说，世界似乎是虚假的、朦胧的、遥远的，就像他们透过玻璃杯看到的一样。其他人则说，他们看到的世界就像在外面看到的一样，就像在看电影。

### 5. 去个性化

这种疾病的本质特征是感觉自己奇怪或自我疏离。人们觉得自己好像是自动机，或者似乎是生活在梦中或电影中。它会让人感觉自己是心理过程、自身身体或身体一部分的外部观察者。

我们称这些症状为"分裂型症状"，但也有所谓的"人格结构分裂"[①]。这就是说，在某些情况下使得其情绪激动时，人的行为方式会有所不同。

例如，一个人明知道一切很干净却无法停止清洁或害怕出门却不知道为何，好像自己的行为脱离了自己的控制。

人格的结构性分裂起源于童年，那时遭受令人恐惧或警觉的情况，而他的大脑没有准备好对此做出反应。好像我们将一面镜子分解成碎片，然后看里面的自己。我们会看到自己分裂，支离破碎。

---

① 要研究此主题，您可以阅读 Desclé eDeBrouwer 出版社出版的范德·哈特、斯蒂尔和尼詹维斯写的《被折磨的自我》（2011 年）。

我们面对不同的情况时表现不同，但是有分裂症的人会感觉到
有情绪或被某个自我控制了。他们内心感到混乱。

当童年时期发生创伤，心智就可分为三部分，即所谓的
"创伤三位一体"。这些是防御性的，也就是说，它们试图防止
个体再次遭受痛苦，尽管自相矛盾的是，它们通过破坏自我的
统一感使自己遭受更多痛苦。这三部分是：

- 被控制的部分：它们是试图控制自己的部分。他们可以是完美主义者，也可以是非常具有攻击性的人，以反思或强迫的方式行事。他们全神贯注地防守。

- 脆弱的部分：记忆网络可以记住发生过的事情。是羞耻或恐惧的记忆。存在被控制的部分使他们不会再受苦。他们在进行躲避防御。

- 被忽略的部分：它们是试图不记得发生了什么的部分。它们可以使我们在极限范围外工作……它们是在强迫防御中。

在这种情况下，治疗师的工作是凝聚被分裂或离解的人格，即所谓的"整合"。要帮助人们感受到他们的认知、情感、行为和感觉是相互联结的。

我喜欢告诉我的患者：我们对自我的感觉，我们的自我意识就像一条珍珠项链。记忆和经验很多，但它们都是通过一条细线连接在一起的，这条细线使它们保持和谐有序。

但是，如果线断裂了，珍珠散开了，我们将陷入混乱和无序中。我们会感到自我意识破碎和分散了。我们必须重做一条新项链，使秩序恢复，使我们在痛苦中平静下来……

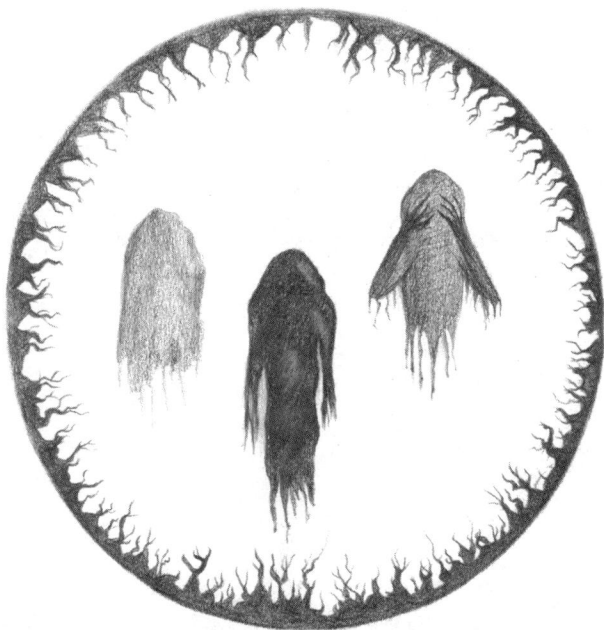

我们治疗患者的其中一项工作是要求他们画出他们内心的感觉。在该图中,我们可以看到前面的部分是如何控制的(表示需要任何人、愤怒),后面的部分遮盖其头发,这是脆弱的(表示需要帮助),另一部分遮盖其眼睛,而它是被忽略的(表示焦虑、恐慌)。后来,随着治疗工作的开展,这个图像发生了变化。

孩子的大脑没有为强烈的刺激做好准备,并且支离破碎。青春期到来时,我们的执行性大脑会成熟,抽象思维就会出现,我们可以用复杂的方式推理,但是一个孩子则不能。情绪大脑会产生与中央自我不同的其他多个自我,在强烈刺激下这些其他自我会采取控制，此时人会觉得自己的行为和情绪脱离了中央自我的控制。

孩子的大脑支离破碎，创造出不同的部分，以帮助他在这种情况下生存。然后，他觉得这些部分对于他和他的意志来说都是陌生的。有控制（自我指责）的部分，回避（自我伤害或暴饮暴食）的部分和脆弱（你要评判我，对此我无法原谅）的部分。

## 结论

　　我喜欢用催眠疗法治疗解离症/间歇性人格分离（俗称"人格分裂"）。还有一些治疗机构采用自我状态疗法或家庭内部系统的疗法。尽管我创建了自己的治疗模型，但我必须说，对我来说，这是治疗中最复杂的部分。

　　请记住，创伤越大，生存的反应就越决绝。因此，我们可能患上轻度的人格分裂，这些疾病通常在几个疗程中得到纠正。但如果患上非常严重的疾病，需要更长久的治疗。

　　在任何情况下，患者都需要一位值得信赖，并且能够陪伴他们深入探索恐惧的专业治疗师。需要有人充当过去没有过的依赖形象。

　　分裂的反面是整合，感觉自己就是自己。感觉到自己，自己的情感、思想和行为都是一体的。对我们大多数人来说这是正常的，但对于许多患上人格分裂的人来说却是无法实现的。

　　我们既追逐光明，也追逐黑暗。我们既渴望爱，有时候却又近乎自毁地浪掷手中的爱。人的心中好像一直有一片荒芜的夜地，留给那个幽暗又寂寞的自我。

——弗洛伊德